JN290389

未来を拓く
人文・社会科学

8

資源を見る眼

現場からの分配論

佐藤　仁　編
SATO, Jin

東信堂

はじめに

本書は、二〇〇二年度から五年間にわたり実施された日本学術振興会人文・社会科学振興事業の一つ「資源配分メカニズムと公正」の成果の一つである。このプロジェクトは、資源化の社会的プロセス、技術と人間の選択肢、貧困と格差、の三つをそれぞれテーマとするグループに分かれて活動してきた。本書は、それぞれのグループを代表する人々からなる、プロジェクト全体としての最初で最後の成果である。紙面の都合上、プロジェクトに参加していただいた研究者の皆さんすべてに執筆をお願いできなかったことは悔やまれるが、プロジェクトが手がけた研究の広がりという点では、この本にほぼ尽くされている。

「資源」を表題に掲げた本や論文は、昨今、それほど多くはない。あるとしても、そこでは「原料」と同義語をなす、きわめて狭い意味での「資源」が用いられている。本書では原料にもエネルギーにも限定しない、より広い「可能性の束」としての資源を論じてみた。この試みは、私たちが初めて行うものではない。日本がまだ貧しかった戦後すぐから一九五〇年代にかけて資源論は実に盛んであった。「資源が乏しい」という認識が強い時代にこそ、資源論が栄えていたのである。その時代に強調された論点の中で今思い出す価値があるのは、「資源とは天然物的な面と、人的知的な面とが合体したもの」という考え方である（たとえば、都留重人『経済を見る眼』岩波新書を参照）。天然素材が足りないからこそ、それを人間の工夫で補おうとする力が喚起される。つまり、何が資源になるのかは、実は天然素材そのものが決めているのではなく、その素材を評価し、生かそうとする人間の眼が決めているのである。そして、人の眼で捉えたものを現実化する手段が整ったとき、天然物は初めて資源となる。『資源を見る眼』という本書のタイトルは、資源化を引き起こす主導権が人間の側にあること、ゆえに資源とはたぶんに社会科学的な概念であることを表現しようとしたものだ。

他方で、このように資源の考え方を拡張していくと、話のまとまりがつきにくくなるのも確かである。そこで私たちは「分配」という、もう一つの社会科学的概念を使って、考察の範囲を絞ることにした。資源を縦糸とし、そこに分配の横糸を加えることで、望ましい機会や避けたい負担が社会の中で散らばっていくメカニズムを立体的に捉えることができないかと考えたのである。それは所得とか平均寿命といった従来の開発論でなじみのある量的な概念では捉えきれない、しかし人々の生き様に重要な影響を与えている「可能性の束」である。こうした捉えづらい問題に接近する上で私たちが採用したアプローチは、たとえば技術と権力の関係や開発援助におけるアイデンティティの役割など、放っておくと誰も取り上げないような事象、各々の専門分野の溝に落ち込んでいるような問題を弱者の視点からすくい上げ、そこを突破口にして資源分配という大きな枠組みに光を当ててみることであった。

では、分配問題に「資源」という視角から迫ろうとする理由は何か。それは、財の分配制度を個別につくっておいて、あとから弱者を取り込もうとするよりも、資源という可能性の次元から分配を論じ直すほうが、不平等や格差問題の本質に近づけると感じたからである。こうした問題意識に応える形で執筆された本書は、今日の行き過ぎた「専門化」に対する挑戦であると同時に、自らを学問的に落ち着きの悪いところに追い込むリスクにもなる。そんなときに頼りになるのは、問題の性質に忠実であろうとする態度と、徹底した現場観察に基づく考察以外にない。

プロジェクトの発展段階では、多くの協力者にシンポジウムの討論者やサイエンスカフェの聴衆として率直な意見を頂戴する機会に恵まれた。そうした機会に、われわれは考え方の方向性がおおむね間違っていないことを確認できた。お一人おひとりの名前を挙げることは控えるが、惜しみない励ましをくださった皆様に御礼申し上げる。本プロジェクトを終了するにあたり、研究員として主導的な役割を果たした趙公章（現・韓国環境政策評価研究院）と渡部厚志の両氏の活躍を特筆しておきたい。また、グループリーダーとして技術のグループを統括した湊隆幸（東京大学）、貧困グループを引っ張った青山和佳（日本大学）の両氏には、私の至らないところをよくフォローしてもらった。次につながる可能性を残す研究になったことがうれしく、また心強い。ありがとうございました。

本書の制作過程においては、内容の検討会合を複数開催し、「一冊」としてのまとまりを持たせるべく、擦り合わせの努力をした。最後の段階では、ベテラン編集者の星野紘一郎氏の手を大いに煩わせた。ちょっとした一言で原稿の光を増し、ものによっては容赦なく赤を入れる星野さんの職人技に感謝。それにしても、研究は一人ではできないことを肌で実感した五年間であった。

著者を代表して

佐藤　仁

目次／資源を見る眼――現場からの分配論

写真・図表に関して、特に断りのないものは筆者作成。

装丁：桂川　潤

◆本書を読むためのキーワード

資源

働きかけの対象となる可能性の束。天然資源は、その一部であるが、すべてではない。「資源を見る」というのは、モノとしての森や鉱物そのものを見ることではなく、直接には見えていない「モノの先」にある可能性を見ることを指す。可能性を見る行為である以上、「資源」とは見る人によって、あるいは、その人の置かれている立場や動員できる技術・資本によって異なる。見る人に応じて異なるということは、資源管理には人々の間の共通理解と利害調整や交渉が必要になることを意味する。資源は、財やサービスの源にあって、貧困や格差、公正やサステイナビリティといった、「プロセス」が重要になる課題に対する優れた切り口を提供する。

分配と配分

分配とは、生産した財を様々な人の間で割り当てること、割り当てられた結果。分配は distribution の訳であり、そこでは公平性が問われる。これに対して「配分」とは、allocation の訳であり、生産物の代替的用途の間で資源を割り振ること（資源配分）。そこでは初期条件を所与として追加投資分の効率のみが基準となる。配分が問題になるのは、あるものに配分すれば、別のものには配分できなくなるというように配分対象が「稀少」という前提があるからである。他方で、分配は効率の次元ではなく公平さの次元で「初期条件」を含めた配分の結果をも意味する。その意味で分配概念のほうが広い。

技術

物ごとを加工したり改変したりして人間生活に役立つ価値を取り出す方法や手段を意味する。技術は資源を分配するための媒介であり、効率だけでなく公平性を問う上での必要条件の一つである。したがって、技術の生み出す効果には、ほかにも考慮しなくてはならないことが多い。

技術によって取り出された価値が、関わる人々に平等に行き渡るとは限らないし、別の人の暮らしを支えていた「可能性」を破壊してしまうような、予期しない副作用を生むこともある。副作用の中には、新たな問題を引き起こしたり、あとで気づいてももとに戻すのが難しいようなものがある。

もっとも、技術が生む「予期しない効果」は、負の効果だけではない。技術者の期待とはまったく別の使い道で利用されたり、人々に経験や知識、あるいは人と技術の新しいつながりといった可能性を残すこともある。

貧困

貧困とは人間の尊厳が脅かされるほど物質的に欠乏した状態、あるいは、同じ文化圏に属する人々の標準から見て社会生活が極端に落伍してしまっている状態。収入の不足、最低限の生活に必要な財の不足、価値ある生活を送る自由の制約など、「貧困」の定義には様々な基準がありうる。貧困の定義は、公共政策のあり方と連動し、「足りない」側面を埋め合わせるものとしての外部からの援助を正当化する。圧倒的な力を持つ外部者は、貧困の定義を操作することで自らの介入を正当化してきたが、資源の観点は「そこにないもの」よりも「そこにあるもの」に注目する。政府や外国の研究者やNGOから「貧困状態にある」と考えられている人々は、それでも日々の暮らしを続けている。人々が貧しい暮らしの中に様々な「可能性」を見出していく営みは、これまで外部者が見過ごしていたことである。

開発

developという言葉には、「物や人が大きく、強く、よくなる」という自動詞の意味と「最大の価値を出せるよう物や人に手を加える」という他動詞の意味があるが、第二次世界大戦後の政治や経済の文脈では後者の意味で使われることが多くなった。

他動詞の意味での開発は、経済面だけでなく、健康や政治的自由など多くの価値を、これまでにないほど多くの人に享受させた。しかし、すでに豊かになった国の「開発」を当てはめようとした結果、「低開発国」と名指された地域で見られる暮らしぶりの多様性や独自の可能性が等閑視される傾向がある。開発をただちに援助に結びつけるのではなく、どちらも固有の文化的・制度的文脈に立った社会変化の契機として見るのが健全である。

援助

貧困状態で暮らしている人々に対して、そこから離れた位置にある人々が助けの手を差し伸べる活動。ゆえに、援助の意図と、それが実際に生み出す効果にはしばしばギャップが生まれる。ドナーは受益者に財やサービスを与えることを「資源の移転」と考えたくなるところだが、援助される資金や物財や知識がそのまま受益者の資源になるとは限らない。援助の内容や受益社会との関係のつくり方によっては、受益集団が様々な「可能性の束」に働きかけていくのではなく、援助プロジェクトに依存せざるを得なくなることもある。こうしたケースでは、開発援助は必ずしも「資源分配」を公平にすることにならず、むしろ、同じ権力構造を再生産する道具と化す。

資源を見る眼

――現場からの分配論

序章　今、なぜ「資源分配」か

佐藤　仁

はじめに

社会科学の重要な仕事は、見えないものの重要性を捉えられるようにし、働きかけの方向性を定めることである。その際に最も重要なのは、視点のとり方である。視点のとり方によって、見えてくるものが異なるからである。本書では、私たちの知識が断片化しているために、互いの関係が見えなくなっているものを「資源」という切り口で串刺しにし、貧困や格差といった問題を新たな視点から再考する。資源の概念を掘り下げていくと、自然と社会、現在と未来、働きかけの主体と客体など、様々な構図を一体的に考えられるようになる。本書は、そうした構図をつくっていく共同作業のはじめの一歩である。

一 「資源」への着目

1 タイの森に見る資源問題

大学院時代の私は、タイをフィールドにして熱帯林の保全政策について研究していた。タイの森林減少がどのような理由によって止まらなくなっているのか、また、一般的に言われているように、貧しい人々こそが森林破壊の原因なのかどうかを明らかにしたいと思っていた。「貧しい人々は視野が短期的なので不法と知りながら身の回りの資源を食い荒らす」という当時広く流布していた「定説」に挑戦したいと思っていた。

一九五〇年代のタイは「森の王国」という異名にふさわしく、国土の六〇パーセント以上が森林で覆われていた。しかし、現在の森林面積は国土の二〇パーセントに満たない。タイは東南アジア全体で見ても、最も短期間のうちに森林を失ってきた国の一つなのである。ところが、森林を統括的に監督する立場にあるタイ政府の森林局の予算とスタッフは、森林が激減した同じ時期に数倍にも膨れ上がっていた。森林の減少を、科学的なゾーニングや植林技術だけで解決できないと気づいたのはその頃であった。「森の王国」と呼ばれたタイをそうでなくしてしまった森林局が、罰せられるどころか、ますます力をつけてきたという逆説に私は興味を引かれた。

この謎に迫る一つのヒントを、村でのフィールドワークの過程で得ることができた。森林減少の大きな原因と言われているのは山火事である。山火事の原因には諸説あるが、政府の公式見解では地域住民による焼畑が主原因とされている。この見解について、ある村人は自分が国立公園の中で「消火隊員」として日雇いのアルバイトをしていた頃の話をしてくれた。彼によれば、山火事があるときの日当は、何もないときの日当の一・五倍だという。そこで、隊長は隊員たちの小遣いを増やす目的で放火させて「仕事」をつくっていると言うのだ。山火事という「問題」の増大は、その解決を仕事にしている人々にとって予算獲得の口実にもなる。しかも、国立公園という政府の直轄地の中での出来事は一般の人に知られにくい。この話がどれだけ一般性を持つものなのか、私にはわからない。しかし、森林問題を単に生態系の保全問題として捉えるのではなく、その開発や利用に伴って生じる利権分配の手段として見なくてはいけないという鋭い教訓を、私はこの一事例から学んだのであった。

右の事例は「資源分配」の問題として特徴づけることができる。土地や財源といった様々な可能性を内包した諸資源が、それを取り巻く各種の人間集団の間に権利や財貨、商品などの形で分け与えられていく過程、もしくはそうしたプロセスの結果を「資源分配」と呼ぼう。「分配」とは distribution の訳であり、そこでは初期条件の違いを含めた公平性が問われる。

これに対して資源の動きを記述するもう一つ別の概念として「配分」がある。「配分」とは allocation の訳であり、そこでは初期条件を所与として追加投資分の効率性のみが問われる。配分は、ある計画に基づいて意図的に行われる行為である。そして、配分が問題になるのは、ある資源に配分すれば、別のものには配分できなくなる、というように配分対象が「稀少」なときである。今日の経済学の主流派をなす新古典派が「資源配分」だけを取り上げてきたのは、それが計算によって一定の答えを出すことのできる投資の効率性を求めてきたからである。初期条件の違いに配慮した分配の公正は、実証的な学問の対象としては扱いにくい。

仮にタイの森林減少の問題を分配問題としてではなく、「資源配分」の問題として読み解くとどうなるだろうか。市場メカニズムに任せた状態の中で、人々が換金作物を求めて森を農地に転換していたとすれば、それは農地の経済価値が相対的に高いからということになる。よって、森を守りたいのであれば、逆に森に含まれる経済価値（具体的には、木材価格やエコツーリズムの奨励）を上乗せすればよいという論理になる。しかし、この議論は、森の経済的価値が高まると何が起こるのか、という歴史的な視点を欠き、森に暮らす人々の生活資源に対する権利についてあまりに無頓着である。森の生み出す富が大きくなれば、大企業や政府といった権力の手に富が集められていくのが歴史のたどった道であった。問題の本質は森の価値が相対的に低いことではなく、生み出される価値の分配がルールをつくった人々に偏る点である。「資源配分」という従来型の発想では、こうした問題をまったく捉えられない。

私の調査対象であったタイ中西部のカレンの人々は、かつて暮らしていた森が「世界遺産」に指定されたために、そこから追い出され、強引に狭い土地に押し込められた。狭い土地では伝統的な焼畑移動耕作は機能しない（佐藤二〇〇二a）。やむをえず肥料を入れて、換金作物栽培を始めた彼らの前に、先進国の専門家が現れて「環境にやさしい」農業を教える構図は滑稽ですらある。貧困と環境破壊の悪循環が典型的に見られるとされる東北タイの森林についても、その減少は開拓と入植を誘導してきた政策の当然の帰結であって、それを今になってそこに暮らす村人のせいにするのは筋違いである。にもかかわらず、植林などの技術で対応できるかのような言説が支配的になるのは、そうした状況を招いた人々は誰であるのか、という政治的問いを隠してしまうのに便利だからにほかならない。「現場の問題」は、必ずしも現場の人々によって引き起こされているわけではないのである。

タイでの観察から、森林がどのような意味において「資源」であるのかは、資源を見る眼によって異なるということがわかった。森林は単に動植物の生息場所として保護が必要な場所ではない。そこは、様々な利権が生み出される場所でもある。村人たちやNGOの立場も、住民の経済的利害を重視するものから、生態系保全を最優先しようとするものまで実に多様である。森林は個々のアクターにとって固有の意味を持つ「資源」であり、どれか一つのアクターの立場に固執すると問題の全体像が見えなくなる。森林減少の問題を「モノ」としての森林生態系で完結させるのではなく、多様な利害が刷り込まれた「資源」の問題として見るほうが、より立体的な構図の把握につながるのではないか。私はそう考えるようになった。

2　なぜ資源なのか

本書で言う「資源」とは、原油高騰に煽られる形で昨今メディアをにぎわせているエネルギー資源でもないし、私たちの日常に身近なリサイクル可能資源でもない。人々の生活を大局的な観点から捉えることを可能にする概念としての「資源」である。『オックスフォード英語辞典』（OED）によれば、英語の resource はもともと「泉」を意味する言葉で、転じて「手段と目的をつなぐ術」、あるいは欠乏や不足を埋める手段、必要なときに頼りになる扶け、という意味になった。「天然資源」は、重要な資源の一つに違いないが、それがすべてではない。人間が使う資源は、圧倒的な大部分が天然資源ではない（ジンマーマン 一九八五）。重要なのは、知識や技術といった人間の側に備わっている資源化の条件である。資源は人を前提にしているという意味で、むしろ社会科学の領域に属する概念なのである（ジンマーマン 一九八五、二〇頁）。

モノとしての側面にとらわれない広い資源概念は、日本においても戦前からあった。たとえば、戦前に出版された『大英和辞典』（冨山房 一九三二）には、resource の日本語訳として「力を藉《か》る物」とあった。人と自然が互いに助け合って、有用なものが引き出される様《さま》を短い言葉に凝縮した名訳である。昭和初期に日本で最初に資源概念を掘り下げた松井春生は、資源を「凡そ国社会の存立繁栄に資する一切の源泉」（松井 一九三九）と定義してそこに有形無形のものを含めていたし、戦後の科学技術庁資源調査会も「資源とは人間が社会生活を維持向上させる源泉として働きかける対象となりうる事物」（資源調査会 一九六一）という広い定義を採用している。しかし、人間の働きかけを内に含んだこれらの豊かな定義は今や忘却の彼方にあり、省みられることさえなくなった。かつての日本では、モノとしての資源に恵まれなかったゆえに、資源政策のあり方について非常に豊かな議論が行われてきた。持続性や環境保護という角度から自然とのつきあい方が問われるようになった今日、そうした過去の議論は思い出す価値のあるものである。

資源を資源たらしめるのはモノの属性ではなく、人間の頭脳であることを明確にしたのはマルクスである。マルクスは、「資源」という言葉こそ明示的に使わないものの、資源を財に変換するプロセスをあらかじめイメージできるのが人間の際立った特徴であると言った。

たしかに、クモも織匠と似た作業をこなし、ミツバチは大工の棟梁顔負けの巣を建設する。しかしどんなに下手な大工といえども、どんなに上手なミツバチよりはじめから優れている点がある。それは大工がロウで巣を作る場合には、それに先だって頭の中ですでにそれを作り上げているということである。（中略）労働者は自然に存在する物の形態を変化させるだけではない。彼は自然に存在する物のなかに自分の目的を実現する。（マルクス二〇〇五、第五章、二六四頁）。

本書では「資源」を「働きかけの対象となる可能性の束」と定義する。そこには権力や情報・知識、社会関係資本と呼ばれる非物質的な要素も含む＊。資源の定義をこのように広くすることがなぜ重要なのか。それは知識の個別化と断片化、そして短期的な成果の奨励が進む中で、現象や事物の一体的、連鎖的、長期的な理解に向かわせるような概念を考察の中軸に引き戻す必要があるからである。本書の執筆者の多くが先進国よりも途上国の現場でフィールドワークをしてきたことも、この必要性の認識に関係している。今日の途上国では、貧困や環境劣化など、あまりに多くの問題が同じ場所と時間に渾然一体となって現れている。その一方で、問題に向き合うための専門知の枠組みは、あまりに分断化され、短期的なその場しのぎのものに終わっている。知識量の増大とは裏腹に一体的な対応がますます遠ざかっているように見える。

＊権力（power）や情報、社会関係資本（social capital）などは、確かに「働きかけの対象」となる資源に違いないが、それは自然に与えられる物的な資源に対する「働きかけの手段」も兼ねている。たとえば、国家の発展に不可欠な天然資源を開発するには権力や情報が必要であるが、資源開発の収益はさらなる権力拡張につながる。つまり、権力や情報、社会関係資本は、それ自身が資源であるのと同時に別の資源に働きかける手段にもなっている。対象なのか、手段なのかは濃淡の問題であり、厳密に白黒はつけられない。よって、わかりやすさを優先するという観点から、ここからの例示では直接的な「働きかけの対象」にしかならない天然資源を主に取り上げる。

こうした中で、分断化された分野の相互に共通項を発見するための様々な次元を提案し、問題を正しく設定することを通じて優先順位の判断に資するような専門知があってもよい（佐藤 二〇〇二b）。問題に対して、個別の専門性の合わせ技で対応するのではなく、場面に応じて必要な専門性の組み合わせを判断し、問題の全体像を見定められるような専門性である。本書は、「資源」というキーワードを通じて、そうした野心的な枠組みに向かう最初のステップである。

認識の分断化が惹起する問題は学問の世界にとどまらない。見方や経済・技術的な状況によって価値を変化させる資源は、その多義性ゆえに、どの用途に可能性を絞っていくかをめぐる争いを喚起する。そして、その資源が民主的に管理されないときには、力のある一部の者に資源が独り占めされていく。冒頭で紹介した森林という資源は、企業にとって木材の供給源でありながら、地域住民の生活資源も兼ねている点で争いを喚起しやすい。天賦の天然資源の場合、その所有権や利用権が誰に帰属するべきか自動的に決らない。ゆえに、とりわけ天然資源への経済依存が大きい国々では、国家権力の介入は不可避であり、資源は利権の温床となりやすい（アッシャー二〇〇六）。土壌や森林といった個別資源の物理的側面だけを研究していては、こうした問題を捉えきれない。

「資源」という概念は、分断化が生み出す様々な問題を解き明かすヒントを与えてくれる。「概念」とは学問の衣をまとった単なる玩具ではない。複雑な現実を理解しようとするときの「断面」の選択基準となる点で、実践的にも重要な意味を持つ。私たち人間は、言葉を使って対象をはっきりと固定することによって、初めて他人とコミュニケーションがとれるようになる。この「固定化」という考え方は、あとで重要になるので覚えておこう。

3　何に資源を見るか

目の前に大きな湖が見えたとしよう。そこを単に巨大な水溜まりとしてしか見ない人も多かろう。しかし、中には、その位置を見て、潜在的な電力の源と見る人もいる。あるいは、その美しい景観から観光資源としての可能性を思い描く人もいるかもしれない。こうした人々は、水を見ながらも、水の先にある可能性を見ていることになる（De Soto 2000）。モノの先にある可能性を捉えようとする人々の工夫に資源化の秘密がある。このように「資源」の下地には、そこに「見えないもの」を見出して、「その先にあるもの」へとつなごうとする創造的な心の働きがある。自然の中に可能性を見出す力は、文明社会を発展させる原動力の核心であったに違いない。

今ほど移動の自由がなかった時代の開発とは、身の回りの自然に眠っている可能性を引き出そうとする直接的な資源化のことを指していた。天然資源獲得の努力は、やがて国境を越え、国際紛争の大きな原因になった。この過程でいつしか国が資源論を語る主体となり、資源は国力の裏づけとなる軍事力のための「原料」に矮小化されていく。しかし、資源と原料とでは概念上の大きな違いがある。原料とは人間の働きかけによって、いわば「ろ過」されたあとのものを指すが、資源とは完全に「ろ過」される以前の、労働の対象として見出されたものである。つまり、資源はモノそれ自体を表す概念ではない。

経済発展とは、このようにモノそれ自体の性質を超えて、それが果たしうる機能の広がりを頭に思い描くところから始まる。その意味で、資源研究の大家であるジンマーマンが今から七〇年以上前に示した「(資源)とは事物または物質に当てはまるのではなく、事物または物質の果たしうる機能、あるいはそれが貢献しうる働き」という定義は実に的を射ている(ジンマーマン 一九八五、一三頁)。

ここで「資源を見る」ということが、どのような特性を持つ活動なのかを図式的に考えてみたい。すでに述べたように、資源の価値は、素材それ自体にあるのではなく、人々の工夫によって初めて捉えることのできる「見えない部分」にある。それは、人々に効用や自由をもたらす可能性を持った、いわば潜在的な価値である。逆に「人間に直接的な効用をもたらすような有形・無形のもの」を「財」(資源からつくられているという意味で「資源生産物」)と定義しよう。鉱山が単にそこにあるというだけでは、人々を満足させる「資源」にはならない。資源は資源生産物である財に変換される必要があり、それはしばしば素材の変形や他の素材との結合を前提とする。ただし、土地という資源がその上に建つ建造物を通じてその価値を実現させる例にあるように（図1）、資源生産物は必ずしも資源のモノとしての側面を変形させたものとは限らない。そして、様々にありうる土地空間の用途の中で、そこに建物を建てるという目的が選ばれるとき、他にありうる目的は捨象されていく。

これに対して、各種の「財」は資源の持つ様々な可能性から特定の用途を想定して加工されたものであり、目的の幅が強く限定されている点において資源とは異なる＊。この可能性（の束）の層に着目して分配のあり方を論じることが、公正の問題の本質に迫る有力な方法であるというのが本書の主張だ。図1に示されているように、資源の層まで視点を下ろすと諸資源の「つながり」を同じ視座の下で位置づけられるようになり、問題に通底する共通部分への着目が促されるからである。財の層だけに着目すると、商品として流通する木材、建造物、ミネラルウォーターの相互関係性には気づきにくい。しかし、観察のレベルを特定の文脈に落として「資源」の層を見てみると、木材のもとになる森林は、建物を建てることもできる土地にあり、その土地はミ

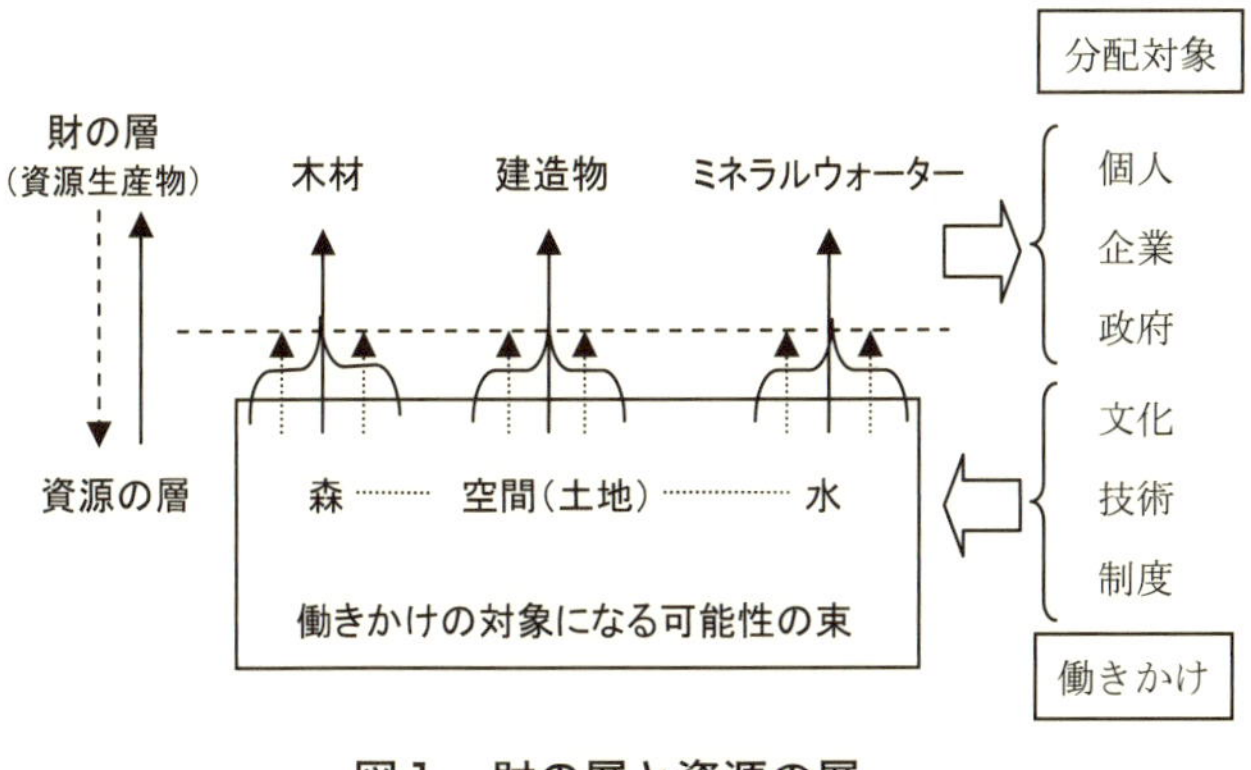

図1　財の層と資源の層

ネラルウォーターの水源としても機能しているかもしれない、というように他の可能性との関係が見えやすくなる。

格差是正のための再分配という観点からも資源に着目する意義がある。資本主義社会の歴史を紐解くと、資源が資本となり、財や富に変換される仕組みができたあとで、貧しい人々に資源や富を再分配することがいかに困難であるかがわかる。本書では公正の規範を論じるのではなく、どのような状況から公正の問題が生じてくるのか、という実証的な側面に光を当てたい。

*もっとも、ある目的で生産された財（あるいは、その過程で生み出される廃棄物）が、別の新たな目的に「資源」として見出されることは考えられる。

たとえば、単純に貧しい人々への再分配メニューと、それぞれのメニューを実行する困難を考えてみよう。豊かな人々の財を取り上げて貧しい人々に再分配する試みは歴史上きわめて稀であり、なおかつほとんど成功してこなかった。占領軍の強制があったゆえに行うことができた日本の農地改革などはその例外であろう。次に貧しい人々だけを選び出して、そこをめがけて援助を投入するという政策が考えられる。これは財源さえあれば最も実行しやすいが、貧しい人々が豊かな人々と別々の場所に暮らしていて嫉妬による「邪魔が入りにくい」、あるいは貧しい人にしか関心のないような財の移転でない限り、広範囲での成功は難しい。同類の再分配政策として最も一般に行われるのは、課税政策と社会政策による余剰金の再分配である。これは貧民の「底上げ」という点では一定程度の効果が期待できるものの、長期的な格差の縮小にまでは行き届かないことが多い（第三章参照）。

そこで、「難しさ」という点では両者の中間くらいに位置する資源アクセスの再分配を考えてみる。これは、教育や政治参加の機会、天然資源へのアクセスなど、人の社会生活の可能性を分配している諸側面に格差是正の観点を埋め込むという考え方であり、補助金や税金を操作する方法よりも、根本的で、なおかつ「財の召し上げ」よりは実施可能性が高い（**図2**）。今後は、再分配メニューごとの効果を比較していくような研究を進めることで「資源」の層に着目する意義を明らかにしていきたい。

ここで資源概念の特徴をまとめておこう。第一に、資源とは動的であり、何に資源を見るかは私たちの「見る眼」に依存する。たとえば森を木材資源として見るのであれば、樹種や生育状況、分布を表す地図などを作成して、動的な概念を把握しやすいように固定する必要がある。そうすることで、森という自然は初めて「資源」としての実質

難しさ ↑	具体的政策の例
豊かな人の財の召し上げ	戦後日本の農地改革・財閥解体
資源アクセスの再分配	土地利用制度や教育制度 政治制度の改変
余剰金の再分配	貧困層をターゲットとする 社会政策、援助

図2　再分配メニューと実行の困難さ

を与えられる。これは、森林資源という可能性の束の中で、木材という特定の財生産に努力を集中させるという宣言でもある。このように資源とは伸縮性を持った可能性の集合なのであり、可能性の伸縮は特定の社会的関係性の中で立ち現れてくる。あるものが資源になったり、資源であることをやめたりするのはそのためである。

第二に、資源化はある個人が資源を見出すところから出発するが、最終的にはより大きな集団の財産として社会的に定義され、その有効活用のために「管理」されなくてはならない。つまり、資源とは常に集団を主語とするものであって、だからこそ、その管理や利用には協働が必要になる。また、資源の活用は、様々な技術の組み合わせを前提にしている。よって、資源は技術の分布に依存するという意味でも社会的な概念である。

第三に、資源とは、そこにあるものを見出そうとする態度に動機づけられている。これは、ないものを先に見出して、その穴埋めをしようとする古典的な「援助」の発想とは異なる点で、本書に収められた援助に関する論考を独自なものにしている（第三、四、五、九章）。資源論の政策的な含意も、経済成長を通じて財・サービスの量を増やすという方向性よりは「今ある資源を生かす」とか、その「資源の活用を脅かしている諸条件を取り除く」という方向に進む。その意味で、資源の発想は日本の地域開発や村おこし、内発的発展という考え方とも共鳴するものである。

二　「働きかけ」とは

1　働きかけの方向性と抵抗

これまで述べてきたように、資源を動的に定義するとすれば、何がどのような資源になるのかは人間の側からの「働きかけ」の仕方に大きく依存することになる。

長い人類史の中で、財や資源は互酬による分配のメカニズムによって共同体の構成員に分け与えられてきた。近代社会になってからは、多くの資源生産物(財)が、市場を通じて「商品」として取引されるようになった。ところで、資源が市場を通じた分配のプロセスに乗るには、一定規模の人々がそれを開発加工する価値を認めなくてはならない。その前提となるのは、先述した資源概念の「固定」と共有化である。実はあとからわかるように、「固定のしにくさ」が資源概念の理解を妨げる大きな理由になっている。この点は、「資本」という似た概念と比較すると明確になる。『広辞苑 第五版』によると、「資本」とは「新たな営利のために使用する過去の労働の生産物」であり、「剰余金を生むことによって自己増殖する価値」とある。資本は貨幣や設備という形をとるので直接的に目で見ることができる。それに対して資源は、間接的に表象されなくてはならない。資源と資本の違いを鋭く指摘したのは、三枝《さいぐさ》博音《ひろと》である。

> 資源とは(資本と自然との間に)横たわっているものにほかならない。やがて生産の素材となるであろうけれども、増殖者の支配の外にあり、むしろ技術者の、もしくは自然科学者の関心の範囲に入っ

ている。現代の技術の領域はここまで伸びるが、資本の範囲はここまでは伸びない。この点は重要である(三枝 一九五一、一四一頁)。

経済学では生産に役立つ資本、労働、土地を「生産要素」と呼び、これらの総称に「資源」を用いる。しかし、この資源概念は経済生産の側面に偏っている上に、資源の組み合わせが市場における価格メカニズムに従属するものとして扱われている。現実には、生産とは無関係に人々の生活に役立つ資源は存在するし、価格があろうがなかろうが人々によって能動的に結合される資源もある。人々の生活を「生産」の側面にすべて還元することはできない。いわゆる発展途上国の農村地域の場合、森林資源は薪、薬、建材などとして利用され、資本とはならずに直接的な消費の対象になっている。こうした資源は生活の安心や安定に資するものではあっても、富の増大を目指すために用いられているわけではない。

可能性の広がりと各ステージから次のステージへの変換に必要な条件を大雑把に図示すれば、**図3**のようになる。自然から資源、資源から資本へと変換の過程を経るごとに素材の可能性は方向づけられてい

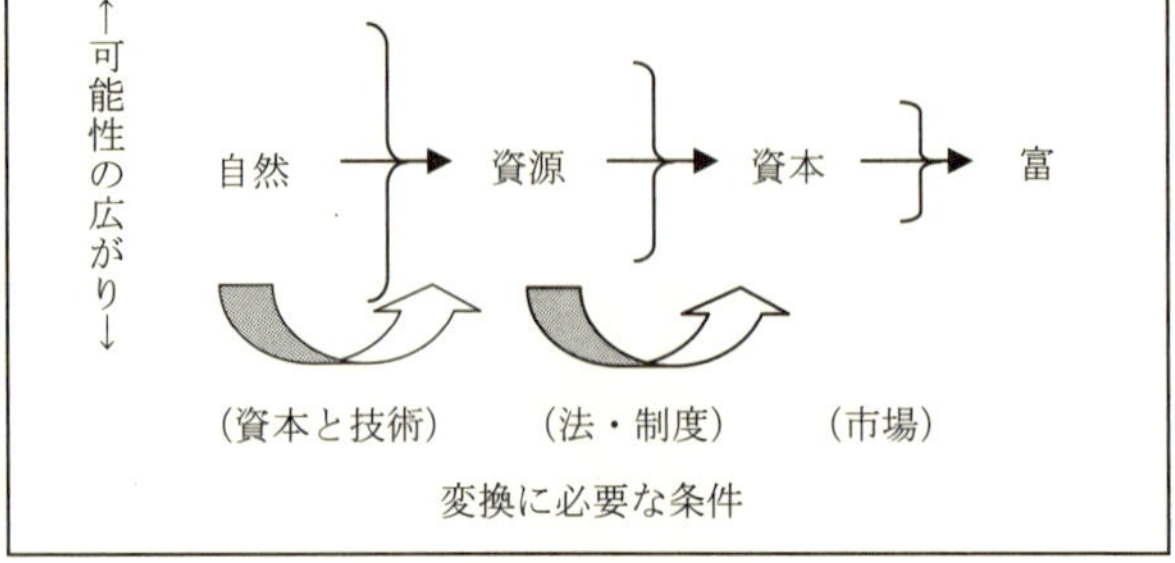

図3　資源の変換プロセス

く。これらの変換にはいくつかの条件が必要になる。たとえば、潜在的な資源が顕在化して資本になるためには、所有権制度が発展していなくてはならない。資本の帰属を法的に固定することで他の資本との組み合わせが可能になるだけでない。発明家や投資家にとっては、労働の果実と資源の組み合わせの成果を横取りされずに安心して収穫できることを見越した長期的な経済計画が立てられるようになる。

もっとも、第九章で明らかにされるように、資源化の順序は図3の「左から右へ」が常ではない。むしろ、先のマルクスの引用からも読み取れるように、富や資本といった目的が最初にイメージされて、人は特定の事物を「資源に変える」のである。つまり、喚起される資源の内容は、目的の設定によって変化する。

この点に関して重要な指摘をしたのがペルーの経済学者H・デソトである。彼は、その著書 *The Mystery of Capital* で、貧しいとされる途上国には一般に信じられているのとは逆に多くの財産や資源があり、それらの総計は先進国から提供されてきた援助の九三倍の額に相当すると指摘する（De Soto 2000）。しかし、デソトによれば、それらの資源は資本に転化されていない、いわば「死んでいる資本 **dead capital** 」である。死んでいる資本を、「生かす」ための仕掛けが私的所有権だと彼は言う。家や土地の価値は、それ自体としての物質的な価値よりも、所有権制度の下に登録をされ、操作の対象として固定化されることで、融資の担保になり、物的な資産の外に広がっている経済に接続することができる。ここでモノが資本に変換されるわけだ。途上国で資本主義の発達が遅れ、貧困が蔓延しているのは、先進国で当たり前のこのプロセスが欠落しているから、というのがデソトの説である。この説には種々の反論も出されているが、その詳細を検討するのはここでの趣旨ではない。モノそれ自体の機能を超えた経済効果を発揮させる前提に、デソトが所有権の固定化を見たという点だけ確認しておこう。

富の創出を所与の目的とした近代化の過程では、自然の資源化と、それに続く資本化が何よりも優先された。しかしそれは決してスムーズなプロセスではなく、多くの抵抗を伴った。抵抗は、地形や立地の悪さといった物理的な困難から、病気や災害など開発の「しっぺ返し」として生じた予期せぬ困難、そして開発利益の分配をめぐる紛争など、様々であった。とりわけ、過去半世紀の間、無計画な資源化が環境問題や災害という、自然からの反作用を引き起こすことをわれわれは痛いほど学んだ。人間は資源に働きかけるだけでなく、その帰結からの反作用を受けて、行動を制約される。地球の持続可能性が問題視される今日、富の増殖だけを目的にした資源化プロセスの加速に価値を置くことはできない。環境問題の深刻化、地球温暖化問題の顕在化は、富の一部を環境対策に回すだけでは不十分であることを指し示している。資源の段階で、経済の持続可能性を含めた利用制度を構築しなくてはならない。自然の一部でありながら開発の手段を構成する資源への着目は、今日の環境問題の根源に光を当てることを可能にする。

2　働きかけのメカニズム

仮に最終目的が「富の創出」ではないとしても、人は様々な資源に働きかけることで生活を成り立たせている。では、どのような力が「働きかけ」の中身になるのだろうか。働きかけのメカニズムには、制度、文化、技術の三つが考えられる（図1）。これらのメカニズムは図3の変換を促進するかもしれないし、逆に妨げるかもしれない。

制度とは社会の決まりや仕組みであって、人々の相互作用の指針である（ノース 一九九四）。制度があることによって人々の振る舞いは安定し、資源への働きかけについても不確実性が減る。人々はそれぞれ単独に資源に働きかけるわけではなく、なんらかの集団に帰属し、自分が生まれる前から決まっていた制度のルールに従って生きる。

文化とは制度の中で明文化されてない、暗黙の慣習やルールである。それは、長い時間をかけて特定の地域条件に立脚しながら形成される「人々の生きる工夫」の集まりであると言ってもよい（平野 二〇〇〇）。文化には知識や欲望への志向性といった資源化の方向を規定する種だけでなく、分配の規範も埋め込まれている。文化は資源と同じように可変的であり、自然に対しても順応的である。

最後に、技術とは人々が資源に働きかける際の「手段」であり、それによって資源の可能性も変化してくる。ディーゼル機関の発明によって、それまで省みられることのなかった重油が資源になり、ボーキサイトはアルミニウムの電気精錬法が発明されてから資源になった（入江・林 一九六一）。ただし、第七章が明らかにしているように、こうした技術の一次的な効果だけを見ていては、「分配」を論じることはできない。技術やモノは、社会科学の範疇にないものとして「所与」とされることが多く、その分配上の影響は不問に付されることが多いので、技術が資源化や分配に果たす媒介的な機能については、特に強調しておく必要がある。

3　働きかけの主体

次に、私たちになじみのある三種の代表的なアクター（政府、企業、市民）が資源化のプロセスにどう位置づけられるか、素描してみたい。**図4**の自然から富に至るプロセスの中で、三つのアクターはどのような領域に主な場所取りをすると考えられるだろうか。多くの国では、政府が自然を資源にするプロセスで重要な役割を果たす。それは政府が、土地所有権の究極的な保証人の役割を果たしているからである。資本を富に変換するにあたっては、企業が重要な役割を果たすことは明白であろう。

他方で、資源から資本への流れでは企業も確かに重要な役割を果たすが、国レベルの資本にならない資源が多く存在することに注意しなくてはならない。そこでは一般の人々が、自給自足的活動や資源の保全活動、資源アクセスを用いた共同体秩序を維持する活動などに従事している。一般市民が行う資源利用の活動は、それまでバラバラに扱われていた資源相互の関係を有機的に結びつけようとする活動を生み出すこともある。たとえば「森は海の恋人」をスローガンに、宮城県の牡蠣・ホタテ業者の間で始まった「漁民が山に木を植える活動」などは、複数資源のつながりの回復に向けて人々が動き出した例として注目すべきものである。

都会に暮らす人々の多くは、企業がつくり出す商品を通じて間接的に資源への働きかけを行う。しかし、ここで企業でも政府でもない、独自の配分規範を持った組織が、

自然	→	資源	→	資本	→	富
	（政府）	–	（市民）	–	（企業）	

図4　資源の変換プロセスに対応したアクター

人々の暮らしぶりに重要な影響を与える媒介となっていることを思い出さなくてはいけない。それは、身近な例で言えば学校による試験を通じた教育機会の分配であり、病院による生存機会の分配である。本書の随所で登場するＮＧＯや援助団体も、市場メカニズムを媒介にするのでもなく、政府が一元的に供給するわけでもない資源を、個々のアクター独自の配分原則に則って供給している。このように考えると、政府でも市場でもないメカニズムによって分配されている資源の領域は想像以上に大きいことがわかる。

三　なぜ配分ではなく「分配」なのか

1　初期条件への着目

さて、すでに見たように資源の動きを捉える概念には配分と分配とがある。ここで図1にもどって、資源への働きかけの結果つくり出される富や財は、再び政府、企業、市民といったアクターに分配されていくことを思い出そう。分配のメカニズムには市場での交換、政府による直接供給、そして、それ以外の自立的集団が担う供給や交換があった。前に述べたように、私たちの考える「よい社会」の基準は効率だけではない。公正さを備えた社会を目指すための方法論を合わせて論じなくてはならない。そのヒントとなるのは、資源の層に着目して、その働きかけの媒介となる制度、文化、技術のあり方それ自体に分配的な配慮を組み込んでいくことである。それは、これらの要素が初期条件の形成、つまり、可能性の束を分配するときに重要な役割を果たすからである。

ところで、公正の問題は、財や資源の「移転可能性」を前提としている。分配や配分の対象となるものに「移転可能性」がなくては、分配問題は嘆きの対象にこそなれ、政策的課題にはならない。その意味で移転可能性（transferability）の高い「所得」に分配をめぐる議論の焦点があったことは理解できる。しかし、移転可能な部分に注目を集めると、移転の困難な条件（たとえば、人の能力、身体的条件、気候や風土など）の違いをまったく無視することになりかねない。また、財や資源ではなく、人々の側がなぜ移動することがあるのか、という状況の理解も貧しいものになってしまう（第一章）。実は、この初期条件に配慮することが「資源」アプローチに特有の強調点になる。

分配の問題に対する解決策として言い古されてきた「経済成長」という方法は、パイの拡大に注目を集めることによって、分配（格差）問題の深刻さを薄めるという役に立ってきた。つまり、成長が支持される大きな理由は、「成長の分け前」から議論の焦点をそらし、誰が「失うのか」「下位にあるのか」をあからさまにしないという政治的効果を持つからではないだろうか。他方で、この政治的な利便性と引き換えに本質的な問題が放置されることのツケは、表面的な処方箋の乱発だけでなく、そもそもの問題である格差の再生産である。経済発展が、われわれを取り囲む財・サービスの量を豊かにしたことは間違いない。しかし、それらを活用する能力や機会という面で人々の間の格差が目立つようになってきた。私たちは間接的にではなく、もっと正面から分配を論じる方法論をさぐる段階に来ている。

資源分配のあり方を考察する上で有益なのは、財が多くあるのに、それを必要とする人々に行き渡っていない事例を考えてみることである。この点を、史上稀に見る規模の援助を世界から集めた二〇〇四年末のスマトラ沖地震津波の事例で考えてみよう。

2 津波支援の分配問題

津波が襲った二〇〇四年一二月二六日当時、私は政策アドバイザーとしてタイの天然資源環境省に派遣されていた。期せずして、国際協力機構による生活復興支援に関わることになった私は、津波支援の現場で興味深い現象を目の当たりにした。死者総計二〇万人超という前代未聞の大惨事を前に、国内外から大量の支援物資と義援金が集められたのだが、それらの援助は現地の問題を解決するどころか、かえって問題をつくり出しているような場面が多々見られたのである。個々の援助団体は、確かに善意に基づいて被災者に支援の手を差し伸べようとしているのだが、被災者からは不満の声が非常に多かったのはなぜだろうか。

問題は、支援団体が集落や避難民キャンプを単位に物資を配分していたのに対して、人々が気にしていたのは集落内での公平性、つまり分配だった点である(佐藤 二〇〇七a)。たとえば、企業による恒久住宅の寄付は、あとになればなるほど上等なものへと変化した。企業は他社が以前に寄付したものを調べ、自社のメンツをかけてそれ以上のものを寄付しようとするからである。こうした援助競争のおかげで同じ村の被災者間に条件の異なる財が割り当てられることになる。これがきっかけとなって村の中に生じる不和は、災害復興時に最も重要な、人々の間の信頼関係に傷をつけることにもなりかねない。

加えて、そもそも援助物資が集まるところと集まらないところがあったことが、分配問題をさらに深刻なものにした。援助物資の集まり具合における地域差は、被害の深刻度ではなく、その集落にもともと存在した資源の分布の偏りに起因していた。たとえば、土地である。土地に対する権利を持っていないと、住宅の無償提供という支援はやってこない。津波以前からの不法居住者を追い出したいと考えていた地主層は、援助が入ることを嫌い、様々な妨害を試みた。もともと土地分配が偏っているところで、追加的に配分される財のレベルで公正を図っても格差是正にはならないのである。

被災地では外部世界とのネットワークや情報も重要な資源となった。英語が堪能なリーダーがいた村は、次々と外国からの支援を引き付けることに成功した。特定の援助が来ることがわかっていれば、その情報に応じて計画的に振る舞うことができる。つまり、財のレベルの公平性を考えるためには、そのもう一層下にあって財を引き寄せたり、突き放したりしている資源の分配構造を見なくてはいけないのである。

資源の分配においては、初期段階でのルールの設定が重要になる。新しい制度的な取り決め、新しい領域の扱い方のルールの決め方などは、将来にわたる便益と負担の分配を規定する上でとても大きな影響力を持つ。土地の所有権を考えればわかるように、資源の再分配は、財やサービスの分配とは異なり、個人間での移転が難しい上に、政治的影響力を持つ強者に資源が集まっていく傾向がある。よって、再分配を働かせるにはそれに対抗した政治の動きが必要になる。人工物の設置を含む新たな初期条件の設定は、こうした政治力の分布と、それ以降の選択肢の経路を定める前提となる。いったん前提となってしまえば、もはや争点にはなりにくい。韓国の清渓川《チョンゲチョン》の事例は、この前提をあとから覆した稀有な事例として、これからの開発政策を考える上で示唆に富む（第八章）。

四　共通項を見立てる訓練

1　既存分野への「回収」に抵抗する

冒頭で、今日の社会における知識の断片化問題を指摘した。確かに情報通信技術の著しい発達のおかげで、私たちが利用できる知識は増えたし、必要な知識に到達するための速度も増した。しかし、様々な知識が互いに統合されることは少なく、「環境」や「開発」といった曖昧さを含む概念は、それぞれの既存分野（○○社会学、○○経済学など）に次々に「回収」されていく傾向にある。こうした中で既存の学部や学科に足場を持たない学問は、なかなか認知を得ることが難しい。何らかの認知を受けたとしても、格下の学問として見下されがちだ。この状況が続くと、若い研究者は就職を心配して学際領域に手をつけなくなる。その結果、既存分野の再生産が加速され、資源問題のような多面的な問題は「部分」に分解されて一体感を失ってしまうのである。

こうした傾向の根底には、単に既存分野の師匠が弟子を再生産したいという欲望以上の構造的な問題があるように思う。その一つが、高等教育における「オリジナリティ」の強調である。論文審査の場面で必ず出るのが、「あなたのオリジナリティは何ですか」という質問である。こうした質問に長くさらされると、他人との差異を見る習慣だけが発達し、人との共通点を発見する態度は低下する。しかし、現実社会の問題、とりわけ環境やサステイナビリティといった公共的な問題に取り組むには、共通項を探し出して異なる考え方を持つ人々を協力に導くことが欠かせない。そのためには、一見、異なる現れ方をする問題の間の隠れた共通項を発見するために、様々な分析の次元を行き来したり、バラバラの分析結果を統合していく柔軟な枠組みが必要になる。単なる「新奇性」という意味でのオリジナリティではなく、オリジナルな共通項の発見にエネルギーを傾けることが必要ではないだろうか。共通項の発見は、現代の次元に限定されない。逆に、過去の歴史的事例の参照や将来への想像力といった時間軸を拡げることで発見の価値はさらに豊かなものとなる。

一見して異なる領域の間に共通項を発見するという作業は、実は目新しいものではない。むしろ歴史的に見れば、学問的発見の基本パターンであった。異なる領域で観察される事象がアナロジーを通じて比較され、新しい発見へつながることは広く認められてきた(ホリオークとサガード 一九九八)。たとえば、水の波形観察が音波理論につながった例などは有名である。社会科学から自然科学にヒントがもたらされたこともある。ダーウィンの自然淘汰説は、マルサスの人口論から大きな影響を受けたと言われる。資源の発見も、既存の技術と対象となる素材を組み合わせる着想、つまり共通項の発見から導かれていることがわかる。

一般的にハードルが高いとされる学際領域の中でも、とりわけ資源論が「学」として成り立ちにくい理由は、資源の定義を掘り下げていくほどに対象と主体とを分けて考えようとする近代科学の伝統になじまなくなってくるからである。自然科学的実験を理念系とする近代科学では、観察するものとされるものとの間に相互作用があってはならない。しかし、すでに論じてきたように、資源とはこの相互作用の中から生まれているものである。

相互作用の重要性を回復し、新しい科学のあり方を模索してきた人物に哲学者の中村雄二郎がいる。中村は、近代科学に共通して見られる特徴を客観性、論理性、普遍性を重んじる点に見出し、逆にそれが見過ごしてきたものに、場所の固有性、関係の相互性、事物の多義性を挙げる。そして、近代科学が見落としたものを回復する狙いで、「共通感覚」という概念をとおして「フィールドワークの知」を提唱する(中村 一九九二)。中村は、近代科学が論理性、普遍性、客観性に偏ったものになってきた結果、固有性、相互作用、一体性といった、今日の社会問題を解く上で重要になる考え方が抜け落ちてしまっていることを鋭く指摘した。共通項を見立てる訓練の不足である。

資源論は、これらのいずれの側面にも通じる点で、近代科学への挑戦にもなっている。資源は幅広い用途を見出されながらも、その土地に固有の自然の一部を構成する。また、それは資源を見る眼に強く依存するために、人間との相互作用が前提である。そして、同じモノにも異なる資源を見出すという具合に、多義的な性格を持つ。近代科学が嫌う条件が見事に揃っているというわけだ。近代科学がないがしろにしてきた三つの要素を新しい文脈の中で回復してくれる概念として「資源」を読み直してみるのも面白い。

2　本書の特徴

最後に本書の特徴を列挙しておきたい。

第一に、本書は、文献に依拠するのではなく徹底した現場観察をベースにして議論を組み立てている。その際、公正や格差問題がより鮮明に見て取れる発展途上国の事例を中心とした。問題に対処する上での条件が一層厳しい地域、フロンティアと考えられる事例を取り上げるほうが、私たちの「見る眼」の有効性をテストするのにふさわしいと考えたからである。そこに「ポスト開発」の問題に直面しつつある日本や韓国の事例を加えることで、歴史的な視点から今の現場の位置づけを行うことも可能になっている。

第二に、現場重視を掲げながらも、そこで起こっていることの意義づけを広く理論的な観点から行っている。一つの出来事、たとえば貯水池の設置という物理的な変化が、資源の分配という観点から見てどのような変化を地域社会に起こすのかという問題を、広い見地から位置づける努力をした。「理論的」という意味は、事例の持つ広がりを意識したということであって、既存の理論を事例に当てはめたという意味ではない。

第三に、「資源」という奥行きのある一つの概念で多様な事象を串刺しにし、それを通じて学際的な研究を試みた点である。本書の執筆者たちは、それぞれが活動する専門分野にズレがあるので、放っておけば一緒に本を書くことにはならなかった人たちである。研究プロジェクトを一つの強制力にして、互いの共通項がいかに多いか、また、互いの独自性がどこにあるのかを発見することができた。

これら三つの特徴を併せ持つところが本書のウリであるが、その野心的な試みゆえに荒削りな面は否めない。本書が、新たな視点から分配に関する議論のたたき台になれば筆者にとって望外の喜びである。

参考文献

W・アッシャー著、佐藤仁訳（二〇〇六）、『発展途上国の資源政治学』東京大学出版会

今村仁司（二〇〇七）、「資源の概念」、内堀基光編『資源と人間』弘文堂、三五七―三七一頁

入江敏夫・林礼二（一九六一）、『現代の人文地理学』日本評論新社

科学技術庁資源調査会（一九六一）、『日本の資源問題』科学技術庁資源局

三枝博音（一九五一）、『技術の哲学』岩波全書

佐藤仁（二〇〇二a）、『稀少資源のポリティクス』東京大学出版会

同（二〇〇二b）、「問題を切り取る視点」、石弘之編『環境学の技法』東京大学出版会

同（二〇〇七a）、「財は人を選ぶか―タイ津波被災地にみる稀少財の配分と分配」『国際開発研究』16巻2号、八三―九六頁

同（二〇〇七b）、「もたざる国の資源論―環境論との総合に向けて」『環境社会学研究』13号、一七三―一八三頁

E・ジンマーマン著／ハンカー編、石光亨訳（一九八五）、『資源サイエンス』三嶺書房

中村雄二郎（一九九二）、『臨床の知とは何か』岩波新書

D・ノース著、竹下公視訳（一九九四）、『制度、制度変化、経済成果』晃洋書房

K・J・ホリオーク、P・サガード著、鈴木宏昭・河原哲雄監訳（一九九八）、『アナロジーの力―認知科学の新しい探求』新曜社

平野健一郎（二〇〇〇）、『国際文化論』東京大学出版会

松井春生（一九三九）、『日本資源政策』千倉書房

K・マルクス著、今村仁司・三島憲一・鈴木直訳（二〇〇五）、『資本論 上巻』筑摩書房

De Soto, Hernando(2000), *The Mystery of Capital: Why Capitalism Triumphs in the West and Fails Everywhere Else*, Basic Books.

Elster, Jon(1992), *Local Justice: How institutions allocate scarce goods and necessary burdens*, Russell Sage Foundation.

第Ⅰ部　資源の発見と獲得

第一章　資源はどこにあるのか

——東北タイ・動く人々の村で

渡部　厚志

筆者は、「出稼ぎ農民」とか「移動労働者」と言われる人々の暮らしぶりや考え方を知りたいと考えていたのだが、たくさんの人が都会や外国に働きに出ていく東北タイの村を訪れると、調査が思っていたよりずっと難しいことに気がついた。

「村の外で働いていたことがありますか？」という問いには「ない」と答えた人が、あとになって「この車は昔、台湾で働いていたときに貯めたお金で買ったんだ」と言う。「今までに住んだ場所や働いた場所を教えてください」と質問しても、答えられる人は少ない。そもそも、東北タイの村には、「移動労働」や「出稼ぎ」にあたる言葉がほとんどない。村の外で暮らし働くことは、都会や外国の研究者が考えるような特別な意味を持っているわけではないのかもしれないと思うようになった。そこで、村の人たちの暮らしについて、「移動労働」に関係あることもないことも教えてもらうように心がけると、東北タイの村に住む人は、研究者たちが「移動労働」と呼ぶような行動を始めるずっと以前から、村の外にある場所に資源を求め、ときおり「移動」をしながら暮らしてきたことがわかってきた。

一　資源と場所

――子どもが生まれてから、何か変わりましたか？

たくさん変わったよ、責任ができたしね、子どものために金も稼がないといけないし。

――サウジアラビアに行こうと思ったのと関係はありますか？

あるよ。とてもある。外国に行ったのだって、それが理由だよ。ここでの仕事は、チャンスがない。未来のためを考えてね。運命は自分で決めたいじゃないか。たくさんほしければ、行かないと。サウジなら一万バーツとか稼げた、そのときとしては、とても多い額だった。

――未来のためというのは、たとえば何？

いろいろ、なんでもだよ。家族、子ども、責任を持たないと。

タイ東北部・コンケン県のD村で、二度の海外出稼ぎを経験したボウさん（仮名）という男性にこれまでの暮らしを聞いているうちに、このような話が出てきた。友人たち六人とともにサウジアラビアに行くことを決意した一九八〇年、彼の家族は特に収入や食べ物に困っていたわけではなかったそうだ。にもかかわらず、「家族への責任」は、村で米づくりをするだけでは果たせなかったというのだ。

筆者がほぼ毎年訪れている東北タイの三カ所の村では、ボウさんのような考え方をする人はそれほど珍しくない。タイ国内で最も貧しく、最も多くの出稼ぎ労働者を出している地域では、「家族への責任」のために出稼ぎを考えるのは、当たり前のことなのかもしれない。このような地域に暮らす人たちにとって、今の暮らしやこれからの暮らしに必要なものを得る場所とはどんなものか、またそれが、資源分配や獲得の安定性にどう影響するのか。本章ではこのような観点から資源にアプローチしたい。

序章で説明されたように、本書で扱う資源の考え方には三つの特徴がある。まず、資源を天然資源などの物自体ではなく、価値を引き出すために人が働きかける「可能性の束」と考えること。第二に、資源が必ず社会的な存在であること、つまり、人々が資源に働きかけるときの協力関係や対立関係、引き出した価値を分け合う方法に注目すること。最後に、「不足しているものを外から補充する」ことよりも、「そこにあるものを見出そうとする」ことである。この章では三点目の特徴に関係の深い議論を行う。

＊なお、本書の他の章が主に「働きかけの対象」である資源を扱っているのと異なり、本章では雇用機会や教育など「働きかけの対象」であると同時に「手段」となっているものも資源として考慮に入れている。これは、本章三、四で示す「今とは違う生活をする可能性の差」を考えるためである

出発点として、「そこにあるものを見出す」というときの、「そこ」とはどこのことなのかを考えてみよう。村にいると家族への責任を果たせないというボウさんのような人々は、どこで必要なものを見出せるのだろう。「そこにある資源」について考える場合、普通はある地域や村にあるものをどう掘り起こし、分配し、役立てるかといったことを考えるだろう。考えられる限りの努力をした上で、それでも足りないものがあるときには、その地域に必要なものを外から与えるという開発の対象地域となる。タイ政府も、いわゆる貧困地域とされた農村に、商品作物の種や肥料、雇用機会、教育や医療などを「外から与える」ことを行って成果を上げてきた。中でも、D村のように多くの人が外に出ていく地域、いわゆる「移動労働者の排出地域」には、何か重大な不足があると考えられる。「そこにあるもの」で充足できるなら、わざわざ遠い場所に行こうとするはずがない。こういう考えをもとに、東北タイ農村でも「なぜ人々が都会や外国に動き始めたのか」という調査が政府機関や研究者によって何度もなされてきた。調査の結果はいつもおおよそ同じ、「貧しいから」と考えられる。そこで、農村地域の収入や雇用を改善するために、外から商品作物を持ち込んだり公共工事をしたり工場を誘致するような「投入」が数多く実行されてきた。

けれどもここで、筆者が訪れた村の「移動」について確認しておきたいことが二つある。まず、ボウさんも一緒にサウジアラビアに行った六人も、その時点で衣食に事欠くどころか農地が足りないという人も一人もいなかった。これは他の二カ所の村でも同様で、そもそも衣食に事欠くような人は外国に行くお金を捻出できない。「貧しいから」という理由づけを単純に受け入れることはできない。

次に、東北タイの多くの村では、都会や海外への出稼ぎが盛んになるずっと前から、「移動」は珍しいことではなかった。農地を子どもたちに分け与えるときにも、「女の子には土地を。男の子はどこでだって暮らしていけるから」という考え方から、女の子だけに分け与える場合が多い。林行夫（二〇〇〇）が丹念に調べたように、現在東北タイに住んでいる人たちは、もともとメコン川の対岸（ラオス）から渡ってきて、二〇〇年もの間、森を切り開いて農地を広げ、移り住んできた人たちである。後に詳しく見るが、子どもが結婚して独立するときや天候不順のときなどには、何十キロも離れた土地に移り住むことが、自分の農地を得る手段とし一九六〇年代まで盛んに行われていた。

こういう歴史を持つ地域なので、移動の問題を「なぜ動き始めたのか」「なぜ村から出始めたのか」と考えるのは、そもそも問いの方向を間違えている可能性がある。人生の中でとりうる行動の一つに「動く」とか「開拓する」ことが含まれている暮らしを続けてきた人たちにとって、必要な資源を見出す「そこ」は、「地域」や「村」より大きく広がっているのだと考えられる。資源を得る場所自体が、周りの環境や家族の事情に合わせて日々つくり直されている。だから、昨今問題になっている都会や外国への出稼ぎと二〇〇年間続いてきた移動とを比べて、「動き方が変わった背景に、資源獲得の条件の変化があったのか」「動き方が変わったことが、資源分配にどんな影響を及ぼすのか」と問うほうが、人々の暮らしの安定性や危険を考えることにつながるはずだ。

そこでこの章では、四つのタイプの「移動」を、資源を得て生活する「場所づくり」という観点で比較しようと思う。人は、目の前に広がる空間や見聞きした空間を、「何を得ることができそうか」「足を踏み入れるにはどんな危険とコストを伴うか」「他に誰が関係するのか」といったことをもとに区切っていく。このように何らかの意味や価値が見出された空間は「場所」になる（トゥアン 一九九三）。知り、考え、行動することで空間に意味を与えて「場所」とし、その場所との関係を変化させたり維持したりすることが「場所づくり」である。場所の境界線や意味合いは他者と共有することもできるし、逆に他者の「場所」と争いが起きることも多い。このため、資源を得る「場所づくり」の変化は、先に述べた「社会的存在としての資源」の二つの意味、「資源を現実化する技術や協働」と、「資源分配の公平性」に与える影響を考えることができる。

二　動く人々の村

筆者が調査拠点にしていたコンケン市は、首都バンコクから北北東に四四〇キロ、三〇万人以上の人が住む、東北地方ではかなり大きい町である。県全体の人口一〇〇万人のうち七割が農村に住んでいるが、県の生産高のうち農業は一割を占めるに過ぎず、農村地域の所得は低い。また、コンケン県庁の海外雇用局事務所が斡旋・登録する国外移動労働者は全国の一割強を占めているように、海外への移動労働が多い地域としても知られている。筆者は二〇〇〇年から〇五年まで、毎年二ヵ月ほどの間、コンケン市を拠点にして県内の三つの村（D、N、Pと呼ぶ）を訪れ、住民へのインタビューを行った。

1　切り開く場所——良田探し（一八〇〇年代から一九六〇年頃）

東北タイの農村に住む人たちは、日本の農村のように「先祖伝来の土地」を耕しているわけではない。一九七〇年頃に至るまで、何度も動いて森を切り開き、農地や住居を得て暮らしていた。まずはいったいどんな条件が、この地域の人々に「動く暮らし」をさせてきたのかを考えてみたい。コラート高原一帯が現在の「東北地方（イサーン）」になったのは、それほど古いことではない。林行夫によれば、一八世紀のラーンサーン王国（メコン北・東岸）は、王国の分裂や、シャム王国による「ラオ征伐」で混乱をきわめており、これが、南・西岸すなわちコラート高原地域へのラオの人々の大量移住を促した。

筆者が調査した三つの村も、やはりそれほど長い歴史を持っているわけではない。三つの村のうち、二つはおよそ一〇〇年前にできた村である。村人たちは、北や西から図のようなルートを通ってコンケン周辺部に入り、まだ開拓されていない平地や林を占拠（チャプチョーング）し、開拓していった。外からの流入は一九七〇年頃まで続いていたようだ。

もう一つのP村は、四〇年ほどの歴史しかない新しい村である。もともと開拓されていない森林だったところに、一九六〇年頃からおよそ二〇の家族が住み着き、少しずつ耕地を広げてきた。ところが、一九八五年にとつぜん五〇〇世帯もの新しい家族が移ってきた。同じ東北部のナコンラチャシマ県で、国有林に暮らしていた「不法侵入者」に新しい土地を与える「農地配分」という名目で、政府が強制的に移住させたのである。P村にもとから住んでいた人たちの土地は、わずかな面積を残して取り上げられ、新しい住民に分け与えられた。P村の人々は自分で住みよい場所を選んだのではなく、望まない移住に適応するために、一〇年以上もかけて森を切り開いて田畑をつくっていった。

開拓する人々は、事前に移り住む土地についての情報を集め、住みよい場所を判断しなくてはならない。東北タイの農村部には行商人や旅の僧侶などが出入りしていたし、若い男性が村を離れて旅に出ることも少なくなかった。彼らが村に持ち寄る情報をもとに、今の村と比べて移り住む価値があるかどうかを判断した。

場所を選ぶ基準は、米づくりを中心とする生活への適性が優先される。東北タイは三つの大きな川を中心として水源にめぐまれていた。人々が水源近くへの移住を好むのは、農業・飲料・生活用水を確保し、漁をすることが容易だからである。水源が近くにあり、周囲の木が多過ぎず、大きさや土の肥沃さが十分な土地は、とりわけ米づくりに適している。今まで住んでいた村で水不足が続

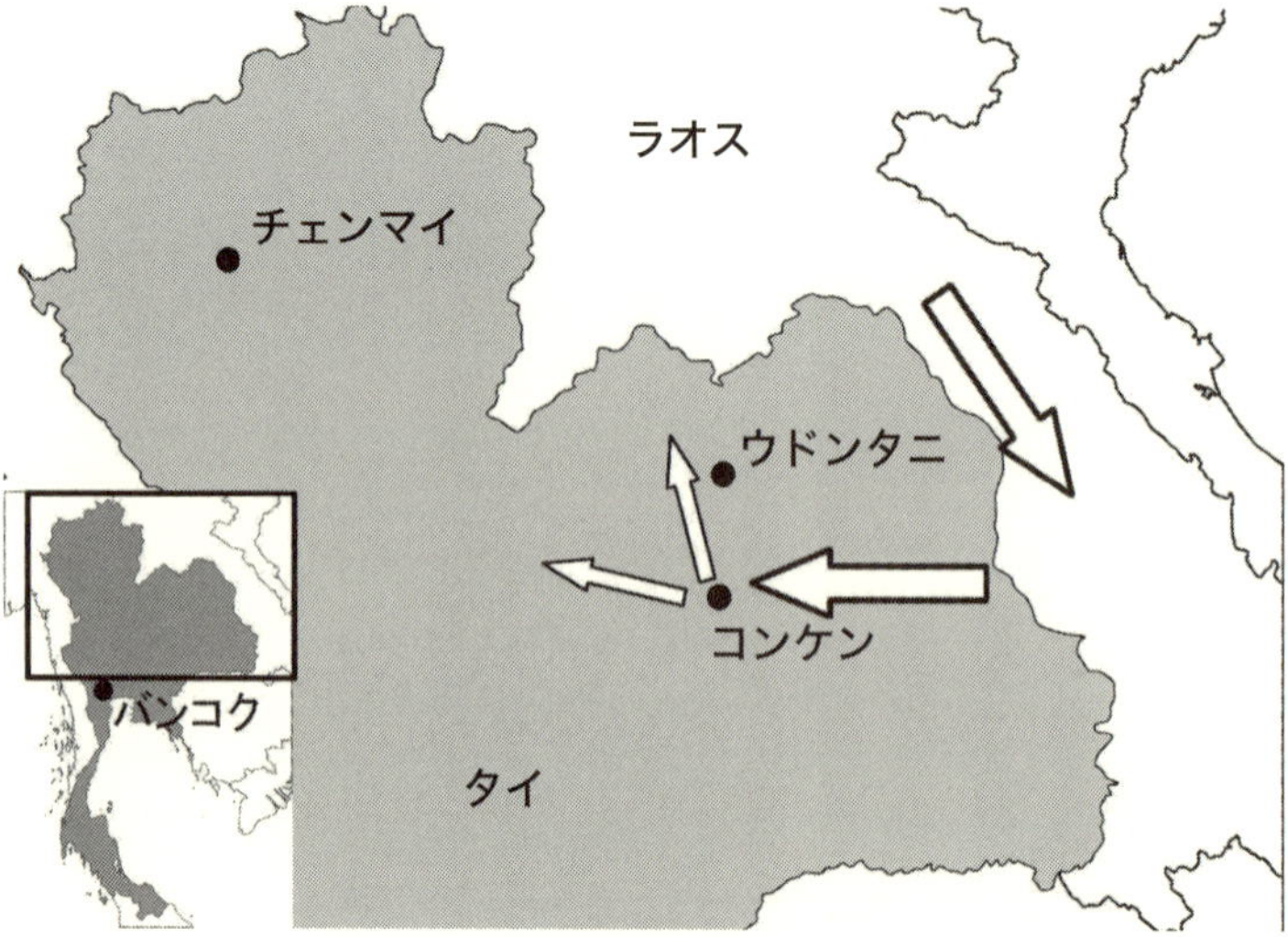

図１　コンケンと周辺の開拓ルート

いていれば、もっと雨が降るところを探したいと考えた。天候に問題がなくても、結婚して親世帯と同居していた若い夫婦が、自分たちの家族を養う広い土地を求めて移り住むこともあった。

牛車や徒歩で移動するしかない時代、「良田探し」は数週間もかけたのんびりとした旅だった。以前D村で村長をしていた男性によると、一九六〇年頃に彼の祖父がD村から一〇〇キロ西北のシーチョンプー郡に移住したときには、牛車で九日九晩かかった。その後、東西にハイウェイが通ると、「良田探し」をする場合にも徒歩ではなくトラックを使うことが多くなった。P村で、土地改革によって移された人たちは、大きなトラックを借り切って、三から五家族ごとにまとまってナコンラチャシマから移ってきた。二〇〇キロを軽く超える道のりだが、三時間ほどで到着したという。

開拓移住は一人や一世帯だけで実行するにはリスクが高すぎる。一つめのリスクとして、期待していたほど雨が降らない、森に猛獣が住んでいるなど、土地が期待したほど住みよくはない可能性がある。だから、親戚やきょうだいを頼って移り住む、いくつかの家族が一緒にキャラバンを組んで移動するといったことが行われたし、どうしても暮らしが立ち行かないときには戻れるように、もとの村との連絡も保たれていた。D村のある女性は、一人めの子を出産した後、水不足が続いたため、姉を頼って西にあるウボンラット湖の近くに引っ越した。しかし彼女は、この後も元の居住地であるD村との連絡をとり続け、D村周辺でもまた雨が降るようになった四年後には、D村に帰っている。戻るときには、村に残っていた知り合いの情報が参考になった。さらに、三女が生まれた一九六六年、D村の近くの町、バンファンの学校で夫が運転手の仕事を得たためにバンファンに移り住んだ。彼女が三たびD村に戻ったのは、夫の事故死がきっかけであった。このときは、三女が台湾で働いて貯めた資金で土地を購入した。

二つめのリスクは、開拓してから生活が落ち着くまでにかかる時間の長さだ。森を切り、焼いて可耕地にし、家を建て、畑や田を整備する間、数年から一〇年以上もかかる。この期間に行われる作業には、人力と家畜しか頼りにできないので、近隣からの「助け合い」がどうしても必要だった。以前からP村に住んでいた二〇家族も、互いに協力して伐採、道路整備、開拓の共同作業を行っていた。開拓の後も、田んぼに続く道、溜池や水路などは、共同で建設・管理をする。これらが整って初めて「良田探し」が完成する。

だから、「良田探し」で得られる「生活の場」は、それぞれの家族が耕す土地であるだけでなく、開拓グループが皆で切り開くものでもあった。土地から得る作物は家族のものだが、グループ全体の生産を確保し維持する経営努力がなくては、「良田探し」は成功しない。それに、移動していない人たちにとっても、「良田探し」は意味のある行動だ。開拓がうまくいった場合には、元の村のきょうだいや家族を呼び寄せてもらうことがある。逆に、開拓がうまくいかないときには、D村の女性のようにもとの村に戻ることもある。だから、「良田探し」で「切り開く場所」には、動く人だけの使い道だけではなく、動かなかった人とのリスク分散効果がある。こうして、場所を広げ、分散し、つながりを保ちながら、動く人と動かない人がともに、家族とコミュニティの営農を維持するための「場所づくり」だったのだ。

2　生活を補う「場所」——季節労働（一九五〇年頃から）

D村とN村では一九五〇年頃から、次第に子どもの学校や町での買い物など、現金が必要な場面が増えてきたそうだ。P村ではもともと米づくりに適した土地ではなかった上に、森林地帯の開墾が困難をきわめており、さらに一九八五年の農地配分で、もとから住んでいた人も新しい住民も、一世帯が持てる土地を七・五ライに制限されてしまった。一ライは〇・一六ヘクタール、タイ開発研究所の定義では面積一五ライ以下の世帯が小農とされるので、これはとても少ない面積である。このため、農業だけで生活することはほとんど不可能で、大半の世帯が季節労働で生活を支えていた。

支出増加に対応するための所得確保や、収穫が安定するまでの開拓初期の生活を支えていたのは、農閑期の季節労働である。筆者のインタビューや他の研究者たちの調査を総合すると、季節労働をする人は一九五〇年から六〇年代にかけて増えたようだ。労働力調査や人口調査をもとにすると、七〇万から

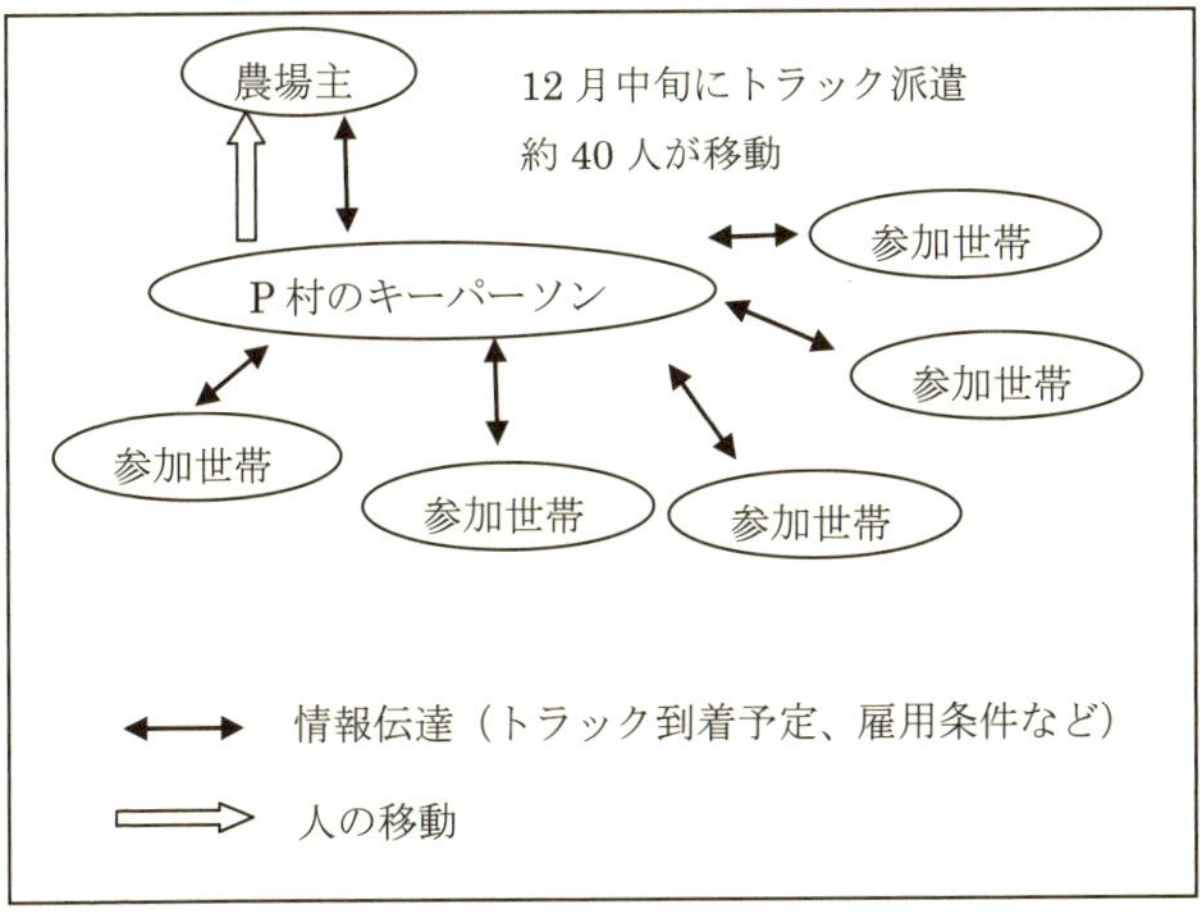

図2　P村からラッブリー県砂糖農場への季節労働ルートの例

一〇〇万人に近い人が農閑期のたびに東北地方から中部地方に働きに出ていると考えられる。

季節労働は、親戚や知人の情報網を使って行うことが多い。図2にはP村の例を挙げているが、「農地配分」で新しくやってきた人々の多くは、村に移住する前に「国有林」に住んでいたときから、中部ラップリー県のサトウキビ農場で収穫作業を続けてきた。P村に移り住んだ後も同じ農場での仕事は続いており、一二月中旬になると大きなトラックが住民を迎えに来る。今では二〇の家族からそれぞれ二、三人の働き手が参加し、一台のトラックに一晩揺られて農場に到着する。サトウキビの収穫は四月まで続き、男性でも女性でも、この期間に一人一万から一万二〇〇〇バーツを得ることができる。たとえば八人家族のうち三人が参加したとすると、世帯収入の半額にもなる場合があるほどの大きな収入源だ。けれども、彼らは自分の仕事をあくまでも「タムナー、タムライ（田をつくり、畑をつくること）」だと考えていて、季節労働の収入は副収入なのだと言う。

情報を伝える役をするキーパーソンは、毎年必ず同じ人たちにトラックの到着予定や雇用条件を伝える。それぞれの世帯にとっては、家族の健康や転居などで今年は参加しないことに決めたとしても、来年は行けるかもしれない。このような意味で、中部地方の農場とのつながりは、実際に動く人だけでなく動かない人にとっても価値がある。稼いだ賃金はもちろんそれぞれの家族が使うものだが、誰もが季節労働の収入なしに暮らすことが難しいときに、情報と移動経路を維持することは、良田探しに参加したグループの皆を欠乏から救う方法だった。季節労働の「場所」は、世帯単位ではなく複数の世帯を含むグループ（P村の例では一緒に村に移住させられてきた親戚）の生存を維持するために、意識的に維持・管理されてきたのである。

三　村を越える「場所」

一九六〇年代から、東北タイの人々も、都市部での工業、商業、建設業への「移動労働」に参加できるようになった。これを、「資源を得る場所づくり」の新しい形として見たとき、これまでの「場所づくり」とどのような違いが見出せるだろうか。

1　都会での就職（一九六〇年頃から）

バンコクや他地域での労働は、早い人で一九五〇年代から始まったようだ。D村とN村では、小学校四年生（この頃は四年までしかない学校が多かった）を終えると、すぐに働きに出た人が何人もいる。P村の場合は、一九九〇年代後半、中学卒業後にバンコクで仕事を探す人が増えた。筆者が話を聞いた一二五世帯の人々に都会で働いた経験がある人の行き先を尋ねたところ、バンコクに八〇人、タイ中部の他の都市が三人、コンケンなど東北部の都市九人と、バンコクが圧倒的に多かった。

良田探し、季節労働と同じように、場所の知識を得て判断する方法を見てみよう。一九六〇年代の比較的早い時期に都会に出ていった人たちにその当時の暮らしや考え方を聞くと、「進んだところで働いてみたかった」というように個人的な事情を理由にする人と、「子どもが生まれたから、街でもっと稼がなければいけないと思った」というような家族の事情を挙げる人がいる。どちらの事情をきっかけとしていても、都会で仕事を得た人の多くは年に数回は帰郷するし、経済的にも送金などで村の家族とのつながりを保っている。

都会や都市周辺部に行って職を探すとき、親戚や知人がいる町を選ぶと、仕事や住む場所を探して新しい土地での安全を確保することが簡単になる。しかし、誰もが村や親戚のネットワークに頼っているわけではなく、知り合いのいないバンコクに一人で出かけていった人もいる。

季節労働のときの「場所づくり」との大きな違いは、都会で得られる職業のほとんどが、事務職、工場労働者や建設労働者、美容師のように一年をとおして働く仕事であるため、移動した本人はほとんど農作業に関わることができなくなってしまうことだ。村の家族とのつながりが保たれているとはいえ、本人から見ても家族から見ても、都会に出た人は「タムナー・タムライ」ではない。つまり、個人が都会で米作以外の職業を得るか、家族が村で米作以外の生計を得るための「場所づくり」だと考えることができる。

2　海外労働（一九八〇年頃から）

一九七七年、タイ政府は中東への労働者輸出を始めた。外貨獲得と同時に、急すぎる都市への人口流入を抑えることが目的だった。一九八〇年代になると、サウジアラビアやイラクなどの中東諸国や台湾政府との間で次々と労働者派遣協定が結ばれ、たくさんの斡旋業者が認定された。労働省自身も、海外雇用事務局（ＯＥＡＯ）を設置して斡旋と研修を行った。九〇年代には湾岸戦争などの影響から、台湾、シンガポール、日本、ブルネイなど東アジア・東南アジアが主な派遣先になっている。一九九九年から二〇〇二年までの間に、毎年八万から一一万の労働者がＯＥＡＯの斡旋で渡航したというが、政府認定の斡旋業者や未公認の斡旋業者、自力渡航を含めると、実際にはこの数倍の人数が海外渡航している。ある研究者は、一九九九年時点では台湾に一四万人、シンガポールに六万五〇〇〇人、日本に四万人のタイ人労働者がいたと推計している（Chantavanich 2001）。

Ｄ村とＮ村では一九八〇年前後から、Ｐ村では一九九五年以降、村人が海外に働きに出るようになった。一二五世帯のうちでは、台湾と日本に行く人が多いほか、シンガポールや中東諸国が続く。職業を見ると、中東諸国では建設業、台湾や日本では工場労働をすることが多い。

良田探しや季節労働に比べると、海外労働をする人が行き先の場所を評価するのに使える情報は、とても断片的である。たとえば「行くなら危ない日本より、給料は低くても台湾がいい」といったようなものだ。これは、彼らが判断材料にする知識を、主に仲介業者や役所に応募したときに得ているためである。村に戻った人が台湾や日本の暮らしを友人たちに伝えることもあるが、それは「日本人は親切だった」などというものばかりである。だから、未経験者たちは「台湾か日本に行けば家が新しくなる」といったとても漠然としたイメージで海外労働先を語る。

「場所」にアクセスする方法にも、これまでの「場所づくり」とは大きな違いがある。海外に働きに出るためには、業者や役所に登録し、仲介費用を支払わなくてはならない。二〇〇〇年頃の相場では、業者の斡旋料がシンガポール行きで五万から七万バーツ、台湾と日本では一三万から一六万バーツといったところで、世帯年収の一年から三年分に相当する。このため、家族が多額の貯蓄を持っているか借金の担保にできる土地を持っていることが、海外行きの第一条件である。コンケン市のOEAOに登録すると、台湾でも五万六〇〇〇バーツという格安の渡航費で行けるのだが、手続きに三ヵ月以上かかり、また同じ国には生涯で一度しか行けないことから、非正規業者のルートが好まれる。

非正規ルートの例を一つだけ、**図3**に表しておこう。「ナイトゥン（資本家、金貸し）」と呼ばれる人と、ナイトゥンと知り合いの村内キーパーソンが、村の人と業者、外国の雇用先をつなぐ働きをしている。季節労働の場合、キーパーソンが情報を伝えるのは毎年同じ親戚二〇世帯だったが、海外労働の場合、キーパーソンはナイトゥンから村人の紹介を請け負うと、まずは自分の息子やきょうだい、続いて親戚や友人の順に声をかけていく。一人を紹介するごとに、ナイトゥンからは千バーツの紹介料をもらうことができる。ナイトゥンは、応募者に渡航費用を貸し付け、派遣業者に送り込む。そして、派遣業者が研修やパスポート取得、企業への紹介、時にはチケット取得などを代行するのである。こうして、キーパーソンに誘われるかどうか、誘われたときに健康や経済の必要条件を備えているかという、比較的偶然に左右される要因が、海外労働の大事な条件になる。

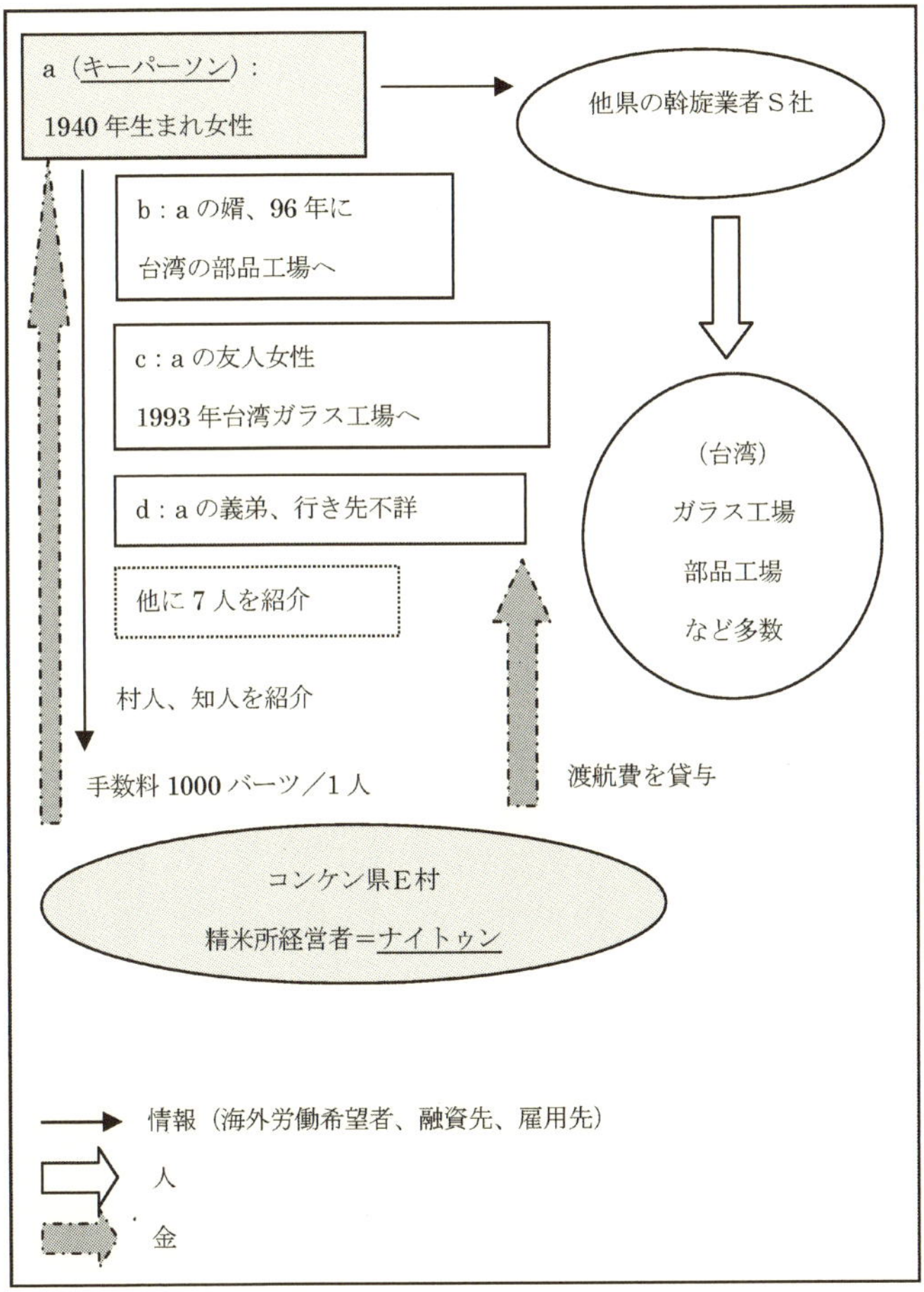

図3　海外労働の情報・資金ルート（D村の例）

また、海外労働は独特のリスクを伴う。派遣業者に詐欺にあったり、国境で入国拒否されたり、建設業の場合は雨が続いて仕事がなかったりすることがある。仕事をしていても、日本で働いているときには強制送還されることもあるし、病気や怪我に見舞われることもある。運の悪いケースでは、渡航費用の借金を返すことができず、土地を手放さざるを得なくなる。出稼ぎの間に家族との連絡がおろそかになって離婚することも少なくないようで、東北タイの村では「パイスィアナー、マースィアミア（行きに田を失い、帰りに妻を失う）」という言葉がよく知られている。これらのリスクには、それぞれの人が個別に対処しなくてはならない。移動の可否、必要なコストや安全性は、個人的で偶然の要素に左右される。

3　都会・海外で得る資源

都会で就職する人や海外に出ていく人は、何のために高い収入を求めるのだろうか。事前に予定していた使い道と、これから行きたいと考える人が希望する使い道を聞いてみた。都会、海外ともに、多くの人が家の建設、車など高価な耐久消費財の購入、農地購入や店を開業する資金、教育費のための貯蓄などを挙げた。また、生活費や借金返済に充当するという人も少なくなかった。ところが、都会や海外で働いた人に、稼いだ金を実際には何に使ったか聞くと、海外の場合は当初の希望を実現させたケースが多いが、都会で働いた人は、ほとんどが生活費に消えているようである。

家や車の購入と聞くと、日常生活には不必要な贅沢品を買うために海外に行くように見えるかもしれない。タイ国家経済開発庁も「送金が浪費される」ことが、海外労働の大きな問題の一つだという報告を出している。けれども、家や車、土地などを得た人がそれをどう役立てるのか、なぜ海外に行って稼いでまで買わなくてはならないのかと考えると、「場所の広げ方」と、人々が「これがないと生活を支えられない」「これがあれば生活がよくなる」と考えるものが深く関係しながら変化したことがわかる。

まず、一九六〇年から七〇年代には、若い家族が新しい「場所」として開拓できる森はほとんど残っておらず、土地獲得はチャプチョーンではなく、大枚をはたいて権利証を購入することを意味するようになった。D村とN村のお年寄りの証言では、一九六〇年代前半までの土地売買は、一ライ当たり三〇バーツ程度という、ほとんど名目だけの売買だったが、その後、地価はコンスタントに上昇し、今では立地条件によって三万バーツを超えることがある。農作物の売り上げを貯めても、一家が暮らしていける農地を買うには足りない。

第二に、米づくり以外にも生業の選択肢が増えてきた。どの村でも米のほかにコーンやキャッサバなどの商品作物を植える人が増えたほか、それぞれ五から一〇人ほどの人が雑貨や食料品の店を経営している。商品作物栽培には新しい土地や種と肥料を準備する必要があるし、店を開く前には家を建て替えたり車を買ったりすることが多い。そこで、都会や海外で貯めたお金が役に立つ。

最近では、そもそも村で農業を続けること自体が、大事な選択肢ではなくなっている。小中学生の子どもたちとその親たちに、将来なりたい仕事、なってほしい仕事を尋ねると、医者、看護師、教師、警官などと答える人がほとんどで、農業をしたい子、してほしいという親はいない。学校の先生たちも、子どもたちの成績や性格を見てこれらの仕事を勧めているそうだ。しかし、どれも村の学校を出ただけでなれる仕事ではないので、本当に望むなら町の専門学校や大学に行かなくてはならない。学費や生活費がかかる上に、村の農業や季節労働にも参加できなくなるので、家族には大きな負担である。

これに関連して、もう一つ重要な変化が起きている。海外に「場所」を広げることで手に入る財やサービスは、自分と家族のために使うことだけを想定したものだ。新しい家を建てたいという人は、親のために住みよい平屋にしてあげたいとか、親と離れて暮らすために夫婦の家が欲しいなどと考えている。子どもの教育は、自分の子どもが村の他の子たちと同等以上に高い学歴を得て、いい仕事に就くために必要である。もっと単純に、自分が結婚するための資金が欲しいという人もいる。

四　場所の広がりと時間の広がり

この章の考察は、「そこにあるものを見出す」というときの「そこ」とはどこのことか、という問いから出発した。ここまで見てきたように、東北タイの人々は、生まれた村の中や近隣地域だけで必要なものを得ることができたわけではない。二〇〇年以上の間、人のつながりや知識を駆使して資源を得る場所をつくり変え、遠く離れた森や街、時には外国でしか得られないものも頼りにして生きてきた。「場所づくり」の古くからの形（良田探し、季節労働）と新しい形（都市、海外労働）を比べて、注目すべき変化は二つある。

一つは、「場所」へのアクセスとそこで得る資源の使い道が、個別化していることである。以前の形では、実際には動かない人も「場所」を評価したり、動いた後のリスク管理をするのに貢献していたし、うまくいった開拓地にあとから呼び寄せられたり、季節労働にあとから参加したりしてメリットを得ることができた。だが、都市・海外労働では、移動するためのコストやリスクも、移動することのメリットも、動く人それぞれのものである。

本章の冒頭で、「資源が社会的存在であること」への注目を「人々が資源に働きかけるときの協力関係や対立関係、引き出した価値を分け合う方法に注目すること」と言い換えた。働きかける際の協力関係や対立関係を見ると、地域の多くの人が参加する形ではなく、個人的な人とのつながりに依存するものになってきた。一方、引き出した価値を分け合う方法の面では、複数の人々が暮らしていく可能性を広げるように「場所」を共有することよりも、個人や個別世帯が財を獲得することが中心となっている。つまり、「動く」チャンスがある人とまったくない人との間に乗り越えられない境界線が引かれたという意味で、「場所」の分配にこれまでとは違う不平等が生まれている＊。

＊一九九〇年代以降、移動労働研究や移民研究では親族や地縁グループが情報や資金や感情的なつながりを保ちながら移動労働を継続し、国境をまたぐ複数の場所の経済・社会的な違いを利用した生活を営んでいることに注目し、「移動ネットワーク」や「越境する生活」と呼んでいる。コンケンの三村でも、先に移動した人が帰国後に隣人たちに話す内容や購入する消費財など、あるいは同じ業者が継続的に一つの村からの移動者を運び続けることなど、連鎖反応を起こしているケースは多く見られるが、それが「集団の営み」であると言える証拠はないので、これらの「ネットワーク」とは区別するべきだろう。

もう一つ、古くからの「場所」は、村の外の機会や資源を使って米づくりを中心とする生活を維持するためのものだった。しかし、都市・海外労働をする人たちは、自分たちが米づくり以外の生計を得ること、子どもたちは「いい仕事」に就くために村を出ていくことを希望している。バンコクや台湾や日本は、今までの生活を維持するためではなく、変えるための「場所」として期待されているのである。

コンケンの農村では、今日明日の衣食住に事欠くような家族を見ることは少ない。動く人と動かない人の差は、今、目に見えるような形の貧困ではなく、今までとは違う生計を得る可能性の差である。P村のある男性は、子どもたちの進学について話していたときに、「村長や区長の家は裕福だから（子どもを大学に入れることが）できるんだよ。彼らと違って私らにはサトウキビを刈ったりするしか（お金を得る方法が）ない」と語った。新しい「場所づくり」によって村にもたらされたのは、ただ資源を得る場所の広がりに生じた違いにとどまるものではない。資源を得る場所の広がりに生じた差は、資源を得て使うときに想像することのできる、時間的な広がりの差ともなっているのである。

参考文献

・「空間と場所」について

イーフー・トゥアン著、 山本浩訳（一九九三）、『空間の経験』ちくま学芸文庫

・開発と生きる空間（本章で言う「場所」）の変化について

今里悟之（二〇〇六）、『農山漁村の〈空間分類〉景観の秩序を読む』京都大学学術出版会

森明子（一九九九）、『土地を読みかえる家族 オーストリア・ケルンテンの歴史民族誌』新曜社

・「越境する生活」について

川上郁雄（二〇〇一）、『越境する家族―在日ベトナム系住民の生活世界』明石書店

Van Hear, Nicholas and Sorensen, Ninna Nyberg, eds.(2003), *The Migration-Development,* Nexus Geneva International Organization for Migration.

・東北タイの開拓や昔ながらの暮らしについて

林行夫（二〇〇〇）、『ラオ人社会の宗教と文化変容―東北タイの地域・宗教社会誌』京都大学学術出版会

Phongphit, Seri and Hewison, Kevin (2001), *Village Life: Culture and Transition in Thailand's Northeast,* White Lotus.

・タイの移動労働について

Chantavanich, Supang (2001), *Thai Migrant Workers in East and Southeast Asia: The Prospects of Thailand's Migration Policy in the Light of the Regional Economic Recession,* Asian Research Center for Migration, Chulalongkorn University.

第二章　進化する資源へのまなざし
――沖縄から

永田淳嗣
新井祥穂

沖縄が日本復帰後三〇年を迎えた二〇〇二年前後、私たちは、復帰後の沖縄農業政策を検証し、沖縄農業の方向性を探る、小さな研究プロジェクトに取り組んでいた。復帰後の沖縄農業は、統計的に見ると一九八〇年代はじめまでは増産傾向にあり、その後は停滞気味である。けれども、生産が増えたとか減ったとか、生産性が上がったか下がったかという動向だけから、沖縄農業の変化の本質を見きわめることは難しいと考えた。「復帰後三〇年、果たしてこの間、政策は十分に機能し、沖縄農業は望ましい方向に変化してきたと言えるのだろうか」。この問いに答えるには、私たちは、何よりもまず、沖縄農業の現場に起きている事態に徹底的に向き合い、その意味を探る必要があると考えた。プロジェクトを始めるにあたり、私たちは、北は沖縄本島北部から東は南北大東島、南は八重山の島々に至るまで沖縄県各地を見聞して回った。そうして選んだ集中的な調査地の一つが石垣島である。そこでは、大規模な灌漑事業を伴う土地改良事業が、事業半ばにして農家の強い反対に遭うという、思いがけない事態が生じていた。

一　石垣島の土地改良事業の停滞

> 手しおにかけた農作物が干ばつで傷ため《ママ》つけられ、そのうえ台風で息の根をとめられるほど無惨にたたかれると、農民たちは気が狂わんばかりに悲嘆し、怒りが際限なく湧き起こってその吐け口を見出せず、あるものは離農し、出稼ぎに出、転業する者等で島は動揺していた。（沖縄県八重山支庁〔一九七三〕、『干ばつと台風――一九七一年災害の記録――』）

一九七一年、日本復帰を翌年に控えた沖縄は、宮古・八重山地方を中心に未曾有の大干ばつに見舞われた。この年は、三月～九月にかけてほとんど雨がなく、九月には大型台風ベスの来襲も重なり、主作物のサトウキビをはじめとする農作物は壊滅的な打撃を受けた。これを機に多くの農家が離農して島を出るなど、大きな社会問題にもなった。

　この大干ばつの被害の背景には、第二次世界大戦後二七年間に及ぶアメリカ軍統治下での、疲弊する沖縄農業の現実があった。一九六〇年代前半のサトウキビブームを経て、沖縄農業はサトウキビ単作化

写真１　「サトウキビ畑へのスプリンクラーによる灌漑」

の道を一気に歩んだが、その後またたく間に価格は下落し、低水準の価格支持政策の下で、栽培技術の粗放化が進行していた。加えて、日本本土で見られたような土地改良事業はほとんど行われず、沖縄の農地は「耕地というより裸地」と表現されるありさまだった。一九七一年の大干ばつの被害は、単なる自然災害というより、こうした沖縄農業の脆弱な体質を露呈した出来事だったと言ってよい。

一九七二年の復帰を機に、沖縄農業を取り巻く政策環境は一変し、日本政府による積極的な政策介入がなされることになる。サトウキビ農業・糖業の保護強化と並んで力が入れられたのは、灌漑整備を伴う土地改良事業だった。「雨待ち農業」からの脱却と作業の機械化を柱とする、沖縄農業の「近代化」が目指されたのである。一九七一年の大干ばつの記憶も生々しい八重山地方の石垣島では、県内でいち早く、国営のダム建設を含む大規模な灌漑整備を伴う土地改良事業が開始された。

石垣島の灌漑整備は一部水田も対象にしているが、大部分は、沖縄で一般的なサトウキビ農業を念頭に置いたスプリンクラーによる畑の灌漑整備である。沖縄では、農地の多くが隆起サンゴ礁の台地上に広がるため水源の確保が難しく、灌漑整備は、区画を直線的に整えたり新しい農地を造成したりする面整備に対して後手に回ることになった。こうした中、石垣島では、北部に山岳地帯がありダムの建設が可能だったこともあり、他の地域に先駆けて本格的な灌漑整備を伴う土地改良事業が推進されることになったのである。

当初、この石垣島の土地改良事業は順調な滑り出しを見せた。計画では、事業地区内のすべての農地に、原則として面整備と灌漑整備が行われることになっていた。しかしその後、農家から事業への反対

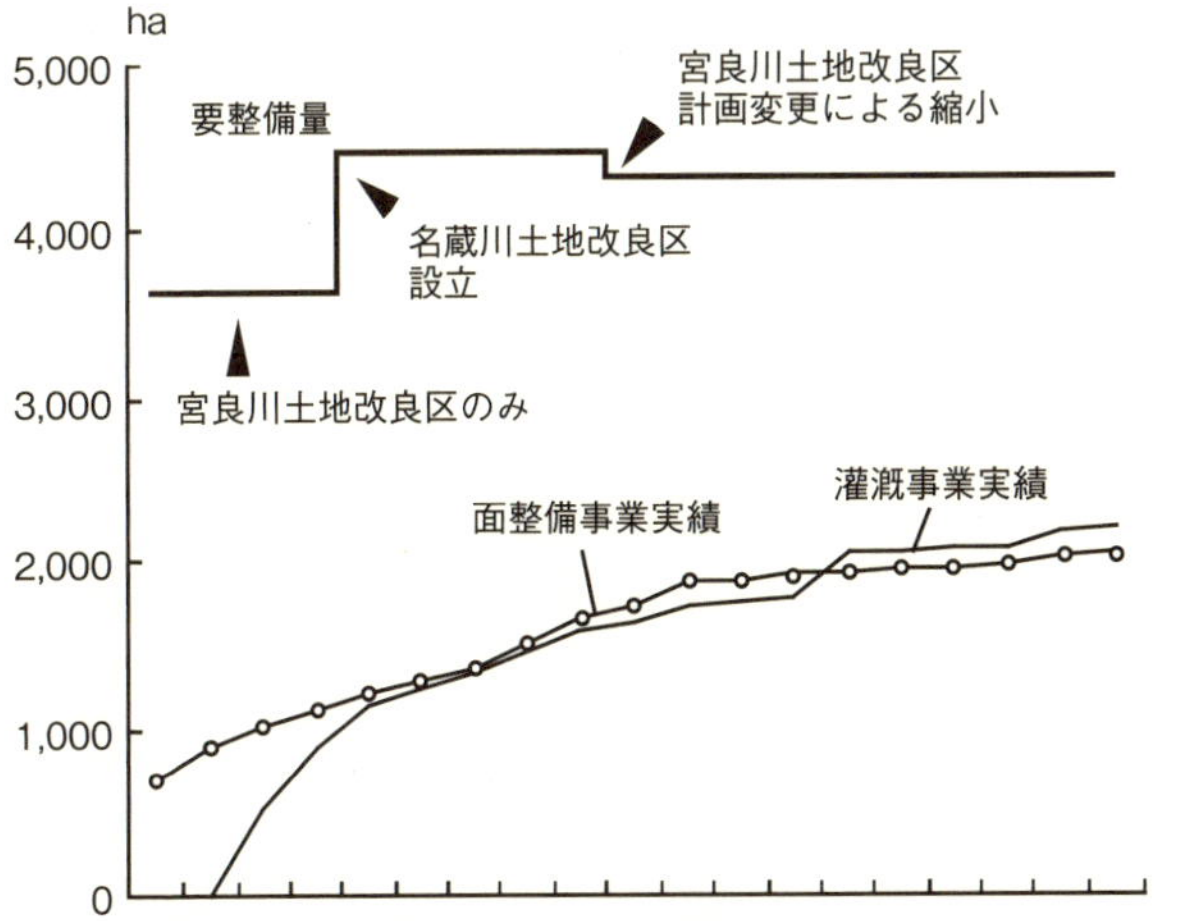

図1　石垣島における土地改良事業の進捗状況

出典：宮良川、名蔵川、両土地改良区の各年の総代会議案書より作成

が相次ぎ、事業は計画のおよそ半分まで実施したところで停滞している（図1）。なぜあれほどまでに待ち望まれた水をもたらし、効率的な機械作業の実現に結びつくはずの土地改良事業が、農家に受け入れられず停滞することになったのか。灌漑整備を伴う土地改良事業は、復帰後の沖縄農業政策の重要な柱とされてきただけに、こうした事態には、沖縄農業政策が抱える何か本質的な問題が潜んでいるように感じられた。私たちは、石垣島の事例を集中的な考察対象とし、事業に対する農家の反応を丹念に読み解く作業を試みることにした。

二　研究のアプローチ

ここで、私たちが、どのような研究のアプローチを用いたのかを紹介しておこう。まず、基本認識として、何らかの政策に対する農家の反応は、「農産物の価格を上げれば直ちに増産する」といったように機械論的なメカニズムを通じて自動的に現れるのではなく、政府、農家といった主体と、それらの意図や戦略を反映した政策や経営、さらにそれらと密接に関連する様々な生物・物理的システム（生態環境や土地基盤など）や社会システム（制度や市場など）の複雑な相互作用の過程を通じて現れると考える（図2）。

一般に政府は、政策を通じて農業経営に何らかの変化を生じさせようとするとき、多くの場合、個々の経営に直接介入するのではなく、経営と密接に関連する土地基盤や制度、市場などに介入し、農家群や農業経営を一定の方向に誘導しようとするだろう。しかし政府が、意図する方向での変化が直ちに生じるわけではない。個々の農家は、政府の介入によって生じた新たな状況に反応し、個々の経営を見直し、場合によっては戦略（行動パターン）を変更し、その成果を見ながら経営に対する判断を積み重ねていくだろう。周りの農家の選択や、参入や撤退による農家群の構成の変化も、個々の農家にとっては新たな状況となり、それぞれの判断に影響を与えていくに違いない。こうした、経験や学習を踏まえた農家の具体的な判断の積み重ねや戦略の変化を丹念に描き、その解釈を通じて、ある政策環境下での農家の反応に論理的な説明を与え、現実の事態を読み解いていこうというのが、私たちが採用したアプローチである。

現実に、このような過程を経て農家群や農業経営に生じる変化は、政府が意図する方向とは大きく異なっているかもしれない。そしてその変化は、農業経営と直接結びつく土地基盤や制度、市場ばかりでなく、多様なレベルの生物・物理的システムや社会システムにも影響を及ぼし、それがまた新たな状況をつくり出していくことになる。政府は、こうした事態に何らかの反応をし、それまでの政策を見直し、場合によっては修正を加え、その成果を

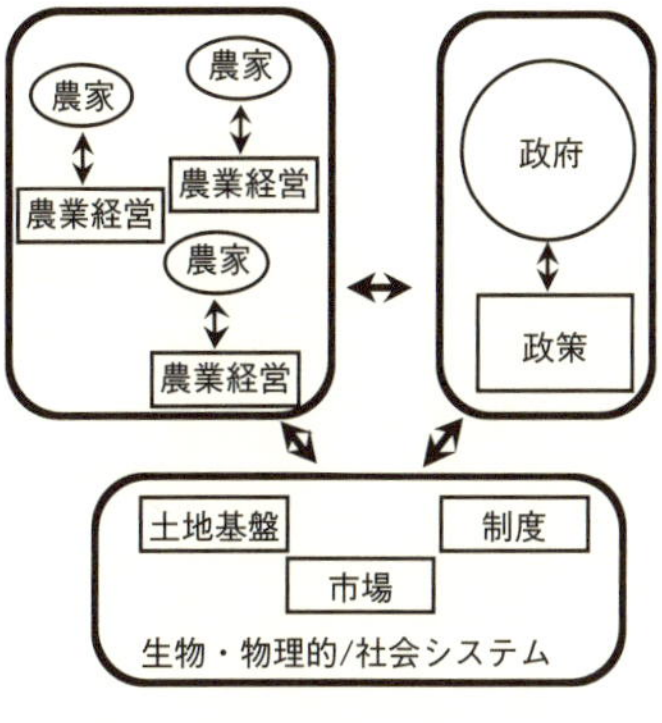

図2　本研究のアプローチ

見ながら政策に対する判断を積み重ねていくことになるだろう。しかしこの過程が円滑に進まなければ、政策は機能不全に陥ることになる。

三　資源へのまなざしの進化

1　農業の資源としての生態環境

以上に述べた研究のアプローチに従い、私たちは、農家自身が、事業との直接間接の関わりを通じて、面整備された農地や灌漑による水に対してどのような評価を持つようになり、それが事業に対するどのようなスタンスでつながっているのかを探っていった。その中で、私たちはある興味深い事実に気づいた。沖縄で農業を営もうとする農家にとって、土地や水、気象条件を含む沖縄の生態環境は基本的な資源と言える。農家は、事業との関わりを通じた経験や学習を重ねる中で、この農業の資源としての沖縄の生態環境に対する見方を変化させていったのである。

一般に土地改良事業は、土地を直線的に区画したり、土質を均一にしたり、あるいはいつでも水が使えるようにして、農業の資源としての価値を高めようとする行為だと言える。ある場所で、どのような土地改良事業を行うかは、その場所の生態環境の何が農業に対する制約となり、何が可能性を与えるのかといった、事業を行う者のその場所の生態環境に対する見方が反映されている。私たちが注目したのは、沖縄での土地改良事業が前提としているのとは異なる見方を、農家自身が育んでいったという点である。いったい農家は、面整備された農地、灌漑による水との関わりを通じて、沖縄の生態環境に対するどのような見方——まなざし——を獲得していったのだろうか。具体的に見てみることにしよう。

2　面整備された農地

面整備を通じて期待されたのは、まず何よりも農地へのアクセスをよくしたり、作業を機械化したりして、農業の効率を上げることだった。沖縄の畑の多くは、隆起サンゴ礁の台地上に広がるため、総じて岩が多く、土壌が不均一に分布し、大きなくぼみが散在するような場所もある。石垣島に見られる水田の中には、水牛を使わなければ作業できないほどの深いぬかるみもあった。農地は不整形に細かく分散し、道路から何枚もの畑や田を経由しないとたどり着けないような場所も少なくなかった。こうした農地の状況は、機械の導入の妨げとなり、農業の効率化を阻害する重要な要因とみなされたのである。

現実に復帰前の石垣島の農業は、人力や畜力（水牛や馬）に大きく依存していた。復帰後土地改良事業が開始され、農地の面整備が進む中で、多くの農家が率直に「便利になった」と実感したことは確かである。特に、条件の悪かった畑や水田では、アクセスが容易になり機械も使えるようになったことで、耕作放棄が回避され、高齢の農家の引退の時期を遅らせることにもなった。しかし政府が、石垣島をはじめ沖縄県各地で面整備事業を推進する背景には、その先に、整然と区画された農地を基盤とする大規模機械化サトウキビ農業の確立という目標があった。本土の稲作にあたる沖縄のサトウキビ農業の機械化は、沖縄農業の体質を強化し、農家の所得を長期的に向上・安定させるために必須の課題とされたのである。

しかし、石垣島のサトウキビ農家の現実の行動や経営を分析する中から見えてくるのは、沖縄で安定的な大規模機械化サトウキビ農業を実現することの困難である。実は、世界の主要なサトウキビ生産地の中で大規模機械化農業が成立しているのは、雨季と乾季がはっきりした亜熱帯地域である。雨季に十分な水をとって成長したサトウキビは、乾季には糖度を高め、乾燥した気象の下で大型の収穫機によって効率的に収穫される。沖縄の気候条件は逆である。成長期の夏にしばしば干ばつに見舞われる一方で、収穫期の冬には雨が多く、土壌の粘性も高いために、効率的に収穫機を動かすには限界がある。石垣島をはじめ沖縄のサトウキビ農業の現場には、すでに補助金で何台もの収穫機が導入され、現実に試行錯誤を繰り返す中で、こうした生態環境の制約の重みがあらわになってきた。

沖縄の生態環境は、手刈り収穫のサトウキビ農業を受け入れることはできても、収穫機械化を要とする大型機械化サトウキビ農業には厳しい制約を課すことを、誰よりもサトウキビ農家自身が切実に認識していったのである。サトウキビは、政府により外国産の何倍もの高さの買い取り価格が決められている。それでも現在の価格水準では、機械収穫の経費を計上すると、魅力的な所得が残らない。サトウキビから生活に必要な所得を積極的に引き出そうとする農家は、規模が大きくても、家族労働力を駆使して、可能な限り手刈りで収穫しようとするのである。

サトウキビ以外に力を入れる農家は、面整備事業をどのように評価し、事業との関わりを通じて何を学んでいったのだろうか。一九八〇年代の後半以降、サトウキビ農業の収益性が悪化する中で、新たに台頭してきた石垣島農業の有望な部門に、生食用のパインアップルやマンゴーといった熱帯果樹の生産と、農地を放牧地や採草地として利用する肉用牛の子牛生産がある。これらの部門では、畑を耕したり草を刈ったりするのにトラクターなどの機械を使う必要があるが、サトウキビの大型収穫機が安全に走行できるほどに農地の傾斜をならす必要はなかった。また、熱帯果樹の生産は酸性の土壌でなくてはならず、土を選ぶ。土地改良事業で土を動かした農地で生産ができなくなった例を数多く目の当たりにした農家は、事業に明確にマイナスの効果を認めた。

さらに、缶詰などの加工用ではなく、生食用として売られるパインアップルやマンゴーは、味や品質がより重要である。そして、その味や品質に決定的に影響すると農家が考えるのが、場所ごとの土質の微妙な差異や状態である。これは一戸の農家の農地の中はおろか、一枚の畑の中にも現れるような違いである。生食用の熱帯果樹を生産する農家は、味や品質を高めようと試行錯誤を繰り返す中で、均一・均質で整然と区画された農地を確保することより、スポット的に存在する好適な土壌を生かすことが重要であることを理解していった。こうした点も土地改良事業に対する否定的な態度につながっていったのである。

3　灌漑による水

灌漑整備を通じて期待されたのは、まず何よりも、農業になくてはならない水をいつでも確実に手に入れることができるようにして、生産の不安定さを回避したり、農業経営の可能性を広げたりすることにあった。隆起サンゴ礁の台地には川がない。サンゴ礁に由来する地質はすかすかの穴だらけで雨はすぐに浸透し、地下水となって海に流れ出てしまうのである。さらに、太平洋高気圧に覆われる沖縄の夏は、台風が来ない限り雨が降りにくい。政府が灌漑整備を重視する背景には、この夏の干ばつこそが沖縄農業の大きな制約であり、とりわけ安定的な大規模機械化サトウキビ農業を実現するには、夏の干ばつ時に、サトウキビ畑の全面に十分な水を行き渡らせることができるような灌漑整備を行うことが不可欠だと考えられたのである。

一方で農家は、事業との直接・間接の関わりを通じて、灌漑による水に対してどのような評価を持つようになったのだろうか。またその過程で、農業の資源としての沖縄の生態環境に対して、どのようなまなざしを向けるようになっていったのだろうか。まず、灌漑整備が将来の農業経営の可能性を広げるという点は、どの農家も評価した。しかし結論から言えば、水の問題、とりわけ夏季の干ばつが突出して重要な課題だと認識したわけではなかった。灌漑整備地区のサトウキビ農家は、使えるようになった水の利用方法を模索していく中で、灌漑の水はふんだんに使って目に見える増収効果や、干ばつ時の減収を回避する効果を上げられるものではなく、適量を適切に使って栽培技術の改善につなげることのできる一要素に過ぎないことを理解していったのである。現実に統計的な数字を見ても、灌漑の有無が、単位面積当たりの収量の動向を支配する決定的な要因にはなっていない。収量には、作業時間の増大、耕作方法の改善、品種の更新等が複合的に影響していると見るしかないのである。農家は、夏季の乾燥に対しても、品種の選択や作付時期の工夫、耕作方法の改善によってある程度対処できることを学んでいった。学習や経験に基づく農家のこうした理解は、灌漑整備への消極的な態度につながっていったと考えられる。

沖縄では、一九六〇年代の前半に、キューバ危機による砂糖の国際価格の高騰などが絡んだサトウキビブームによって、一気にサトウキビの生産が拡大した。沖縄の風土とサトウキビの相性がよく言われるが、サトウキビが沖縄農業の基幹作物になった歴史は意外に新しい。地場消費向けの穀類、イモ、豆、野菜などを生産するそれまでの農業体系においては、乾燥、高温に見舞われる夏を避け、主に冬に農作物を生産していた。夏にも大々的に農業が行われるようになったのは、加工用の商品作物として、戦後にサトウキビとパインアップルの生産が急激に拡大してからである。

復帰後の沖縄でも、農業所得向上のための経営多角化の一環として期待されたのは、本土市場向けの冬季の野菜生産だった。本土の市場を相手にするとなれば、品質の向上と安定した量の出荷がより強く求められる。野菜農家にとって重要な課題となったのは、当然のことながら夏季の乾燥に対処する水の確保ではなかった。解決しがたい問題として立ちはだかったのは、むしろ秋の植え付け時期の台風と冬の長雨による日照不足だった。実際に冬の沖縄を旅行してみるとわかることだが、意外に肌寒く、すっきりとした青空を見ることは少ない。復帰後の沖縄の野菜生産は、一九八〇年代前半までは比較的順調な伸びを見せるが、その後国内の他産地や外国産の野菜との競争の中で、後退を余儀なくされている。

一九八〇年代後半以降の沖縄農業において、サトウキビ農業や野菜生産が苦戦を強いられている中で、一つの可能性を示しているのが、先にも紹介した生食用のパインアップル、マンゴーといった熱帯果樹の生産である。石垣島においてこれらが収穫の最盛期を迎えるのは七月である。農家は、六月末の梅雨明け直後の、天候が安定し、高温と晴天に恵まれやすいこの時期に照準を合わせて生産を行う。夏季の乾燥や夏から秋にかけての台風を避け、七月というごく限られた期間の気象の好条件を生かそうという戦略である。こうした熱帯果樹の生産農家にとっても、土地改良事業がもたらす水に大きな魅力があるわけではなかった。

4　沖縄の生態環境に対するまなざしの進化

石垣島の農家は、自ら試行錯誤と経験を積み重ねることによって、また、周りに起きている事態をつぶさに観察することによって、整然と区画された農地や灌漑による水に対する評価を定めていった。同時にその過程で、沖縄の生態環境に対する、土地改良事業の想定とは異なる見方を獲得していった。政府が面整備を重視する背景には、岩が多く不均一で不整形な農地は機械化の阻害要因であり、それを取り除くことによって、効率的な大型機械化サトウキビ農業の実現につながるという考えがあった。しかしサトウキビ農家は、冬に雨の多い沖縄の生態環境が大型機械化サトウキビ農業に課す重い制約を認識していった。また、パインアップルやマンゴーなどの生食用の熱帯果樹の生産農家は、均一・均質にされた土壌よりも、不均一・不均質な土壌に資源としての価値を認めた。

一方、灌漑による水との関わりを通じては、夏季の干ばつこそが沖縄農業に対する重い制約であるという見方に対し、サトウキビ農家は、品種の選択や技術の改善によってある程度対処しうることを学んでいった。どの農家も水源が確保されること自体は、将来の経営の可能性を広げるものとして肯定的な評価を与えたが、夏の干ばつ時に、サトウキビ畑の全面に十分な水を散水できるような灌漑整備に関しては、その必要性を高く認識したわけではなかった。また、冬季の野菜生産に力を入れる農家は、秋の植付時期の台風や冬の長雨による日照不足こそが、より大きな制約であることを理解していった。こうした中、生食用の熱帯果樹に力を入れる農家は、梅雨明け直後の高温と晴天こそが貴重な資源であることを学び、そこに照準を合わせた作付けスケジュールを組むようになった。

以上のように、農家が、土地改良事業との直接・間接の関わりを通じて、自ら試行錯誤と経験を積み重ねることにより、それまでとは大きく異なる生態環境に対する見方を獲得していったとすれば、私たちはそれを、生態環境に対する見方——まなざし——の「進化」と呼んでよいと考える。沖縄の生態環境の何が重い制約を課し、何が可能性を与えてくれるのか。農家の進化した資源へのまなざしからは、土地改良事業がこれまで目指してきたのとは異なる、沖縄農業の方向性が示唆されてくる。

政府が、沖縄での土地改良事業を通じて目指してきた沖縄農業の近代化とは、夏季に頻発する干ばつに対しては大規模な灌漑整備によって対処し、労働生産性の向上という課題に対しては大規模機械化で対処するという、いわば生態環境と社会環境の制約に、「重装備の農業」で立ち向かおうというものだった。これに対して、復帰後三〇年を経る中で、石垣島の農家が自らの置かれた生態環境、社会環境、そして政策環境の下で選択してきた行動から見えてくるのは、環境が課す様々な制約に対して、真正面から「重装備の農業」で立ち向かおうとするより、「ゲリラ的農業」で対処することの有望性である。

「ゲリラ的農業」とは、夏季の乾燥や、台風の襲撃を受けやすい時期を巧みに避け、七月の瞬間値的とも言える気象の好条件を生かすと同時に、均一・均質で整然と区画された大規模農地より、スポット的に存在する好適な土壌を生かそうとする、生食用の熱帯果樹生産で見たような方向性である。誤解がないように言えば、この「ゲリラ的農業」は、荒々しい沖縄の生態環境に素手で向き合うような、粗放的な農業を意味するのではない。適切な装備、すなわち資本投資を行うことによってより高い成果を期待する、それなりに集約的な農業である。しかしその際の装備は、政策が目指す「重装備の農業」の装備のように、画一的で重厚なものにはならないだろう。「ゲリラ的農業」はまた、伝統的な農業への回帰でもない。農家の、試行錯誤を通じた、自らを取り巻く環境への認識の深まりに基づく、環境と付き合う新たな知恵の創造の上に見えてくる、新しい農業の方向性を指している。

四　資源へのまなざしを読み解く意義

私たちのような人文社会科学系の研究者が、農業の現場に入り、そこで起きている事態に徹底的に向き合い、その意味を探るといっても、具体的に何を考察し、どのようにして学術的に確かで意味のある知見を導き出そうとしているのか、イメージがわきにくいという読者も多いだろう。本章を通じて、そうした疑問に少しでも応えることができただろうか。自然科学的な立場に立つ土壌や作物の専門家なら、試験場や現場での実証試験を通じて、たとえば水や土壌と作物の生育状態との関係について定量的な分析を行うだろう。社会科学系の研究者の中でも、農業経済学や農業経営学の専門家なら、定式化されたフォーマットに従い、量的・金銭的な価値に置き換えられた形で生産や経営の実態を把握したり、農家や農民の数理的な行動モデルをつくって、価格や制度への反応を分析していくだろう。これらは、農業という人間活動の生物・物理的なシステムとしての側面を自然科学的な手法によって分析したり、経済・制度的なシステムとしての側面を、定量的な経済学の手法によって分析しようとするものだと言える。

これに対して、私たちが採用したアプローチでは、農業を生物・物理的システムとして見るのでもなく、経済・制度的なシステムとして見るのでもなく、人間や社会と、生物・物理的システムとの複合的なシステムと捉え、その接点に生じている事態を丹念に読み解くことに力点を置いてきた。具体的には、生態環境や社会環境との相互作用を通じた農家の行動や技術の変化、その背後にある、自らを取り巻く生態環境や社会環境に対するまなざしの変化を探り、農業の現場に生じている現実の事態の論理的な説明を試みた。それではこうしたアプローチには、いったいどのような意義があるのだろうか。最後に二点ほど指摘しておきたい。

第一に、石垣島の事例がわれわれに教えてくれるように、人々が、固有の生態環境と向き合いながら、それを資源として利用し、より望ましい生のあり方を実現していく知恵やヒントは、しばしば現場での、環境と人間との複雑な相互作用の中から生み出されてくる。理論の中に答えがあるわけでも、伝統の中に答えがあるわけでもない。そもそも、人間が生態環境に何らかの働きかけを行ったとき、その反応や帰結を十分に予測することは困難なことが多い（ノーガード 二〇〇三）。私たちが採用したアプローチは、現実の制約や可能性を浮き彫りにしつつ、現場で生み出された知恵やヒントを探り出したり、今後の有望な方向性を見出す上で、きわめて有用だと考えられる。

土地改良の経済学であれ、試験場での実証試験であれ、そこでのわかりやすい説明には、現実に対する何らかの想定が組み込まれている。そうした想定が、現実の理解の妨げにならなければよいが、そうとは限らない。石垣島の土地改良事業の事例では、灌漑整備や面整備により土地生産性が向上するという土地改良の経済学の基本的な前提が、本土における水田稲作の灌漑整備のように自明ではなかった。灌漑をすれば収量が上がるという実証試験の結果も、水という一つの要素と収量との関係を見れば確かにそうだが、現実には、収量に影響を与える要因は様々であり、水だけが突出して重要なわけではなかった。農家が自らの技術や経営を見直していく中で、灌漑の重要性は相対的に判断されていったのである。わかりやすい理論や実証結果は、現象の一面を捉えているかもしれないが、重要な要因を見逃している可能性も多々ある。そのような観点からすれば、私たちが試みたように、農家の行動の変化や判断の根拠を丹念に追い、何が重視され何が重視されていないのか、何が制約となり何が可能性を与えているのかといった、様々な要因の重みづけに注目し、論理的な説明を与えていくことの意味は大きいと言えるだろう。

第二に、農家が、生態環境との複雑な相互作用を通じて獲得していった、進化した資源へのまなざしや、沖縄固有の生態環境の下で農業を営んでいく上での知恵やヒントは、しばしば土地改良の経済学や農場での試験結果のように体系的な知としてまとめられていないことが多く、現場に埋もれがちである。私たちが採用したアプローチを通じて、こうした現場で育まれてきた、モヤモヤとした知を体系づけ、できる限り論理的、科学的な根拠を与え、その広がりや意義、妥当性といったことを検証していくことが期待される。本章では十分に紹介できなかったが、石垣島の土地改良事業の事例研究を通じて、私たちは、事業との関わりを通じた農家の行動の変化や、資源へのまなざしの変化を丹念に跡づけながら、「重装備の農業」に対する「ゲリラ的な農業」という方向性の意義や広がりを、自然科学的な研究成果や、経済学による定量的な分析も組み合わせながら様々な観点から検証していった。

沖縄の土地改良事業に対して、環境問題や公共事業の問題との関連で、農業の外から観察する人々からは、しばしば農家も政府も事業に関して同じような見解を持っているとみなされることがある。またそうした見解は固定的なものと考えられることも多い。現実には農家の間では、沖縄の生態環境に対するまなざしの進化をもとに、沖縄固有の生態環境の下で農業を営んでいく上での様々な知恵やヒントが生み出されてきている。本章で紹介したようなアプローチを通じて、現場に埋もれがちなこうした知恵やヒントに光を当て、確かな形で提示できれば、沖縄の開発や資源利用をめぐる問題に、新たな展開を生み出すことができるかもしれない。また、沖縄での調査を進めていく過程で、私たちは、一方で農家のまなざしの進化を目の当たりにしつつ、他方で事業の公式の意義づけに疑念を差し挟むこともままならず、深い悩みを抱える、熱意と見識のある政策担当者に何人も遭遇してきた。私たちが試みたような研究が、こうした悩みを一気に解消することは難しくとも、現場のまなざしを掘り起こし、形にする作業に自信を持って取り組む助けとなれば、新しい沖縄農業の実現に向けての追い風となるに違いない。

参考文献

新井祥穂（二〇〇六）、「沖縄におけるサトウキビ関連政策と農家の対応―新価格制度への考察―」『農村と都市をむすぶ』（二〇〇六年一二月号）
新井祥穂・永田淳嗣（二〇〇二）、「復帰後の沖縄に対する農業政策の展開と農業の動態」『東京大学人文地理学研究』15
新井祥穂・永田淳嗣（二〇〇六）、「沖縄・石垣島の土地改良事業の停滞」『地理学評論』79―4
リチャード・B・ノーガード著、竹内憲司訳（二〇〇三）、『裏切られた発展―進歩の終わりと未来への共進化ビジョン』勁草書房

第三章　貧しきマイノリティの発見

——アイデンティティを資源化する

青山　和佳
受田　宏之

助けるという行為は、助ける人と助けられる人の二者が存在して初めて成り立つ。この相互行為をリードするのは助ける人と助けられる人のどちらだろう。筆者は進んで他者を助ける善意の人でありたいと願っていた。だがある日、途上国のスラムで住民が近づいてきて、「あなたは貧しいわたしを憐れみ、施しをなすことができる。そのことに感謝すべきだ」と告げたとき、心底びっくりした。その人は、最近、キリスト教徒になったのだと言う。聖書によって「施しをする人は惜しまず施し、慈善を行う人は快く行いなさい」と熱弁をふるう。なぜだ、この人と知り合った数年前はこんな人ではなかったはずだ。なるほど、この人は気づいたのである。キリスト教徒になりさえすれば、食べ物や薬がもらえることを。助ける人もまた、助けられる人がいなければその存在価値を問われることを。助けるという相互行為をリードするのは、いつも助ける側であるとは限らない。

一　援助という相互行為を考え直す

本章では、開発援助という相互行為が、援助される人々の社会生活を思いがけず変化させてしまう可能性を検討する。開発援助（以下では単に援助と呼ぶ）とは、「ある社会の人々を助けようとして行われる、その社会の外からの財やサービスの投入」のことを指す。特に、歴史的に疎外されてきた人々が、援助する人々によって「貧困者」として改めて発見されたとき、どのように行為が変化しうるのかを探っていく。

具体的には、メキシコ（オトミー）とフィリピン（サマ）という二つの途上国に住むマイノリティに対する援助の事例を取り上げる。ここで言うマイノリティとは、それぞれの国家の枠組みにおける主流派・多数派に対して民族、言語、宗教などの点で少数派であり、社会的地位においても劣勢の立場に置かれている集団のこととする。

キーワードは、「アイデンティティの資源化」である。この言葉を使って、二つの起こりうる変化を明らかにしたい。一つは、援助されるという機会の到来によって、逆説的に「貧しいこと」や「貧しいマイノリティであること」を売りに財やサービスを獲得することができると人々が気づきうること。もう一つは、そうして手に入れた財やサービスを役立てて、自分たちなりに生活を改善――とまでいかずとも、せめて防衛――するという生き方をつくり出しうることである。

往々にして、援助する側はこのような変化の可能性に無関心である。本拠地が遠くにあるために、実際の援助過程を日々追うことは難しい。一方で、貧困削減や人間開発など、自らが描く理想のシナリオにはこだわりがある。肝心なことはアイデンティティなどというものではなく、理想のシナリオに近づいたことを援助関係者に示す、所得や就学年数や保健衛生や生活インフラなどの目に見える指標の改善なのだ。こちらのほうが資金も知識も技術もある。あちらにいる相手を助けられるし、またそうすべきだと考えやすい。

もちろん実際には、理想のシナリオがどんなものであれ、それに従って助けることは難しい。援助過程は複雑だからだ。たくさんの関係する行為主体が階層をなして存在している。これらの主体は、有する政治権力や資本において異なるだけでなく、お互いが何を考えどう行動するのかについて理解し合っているわけではない。

援助過程の上流には、資金やアイデアの提供者・機関（ドナー）がいる。先進国政府や国際機関などがこれにあたる。現場には援助活動をする組織（実施主体）があり、さらに彼ら実施主体と受益者の間を介在する人々（ミドルマン）がいる。これらを担うのが、ＮＧＯ（非政府組織）や現地情報に詳しい住民などである。最も下流には、援助の最終的な対象となる人々（受益者）が位置する。

一九九〇年代以降、援助過程における現地の人々の参加が強調されるようになった。貧困者や社会的弱者を救う方法として、当事者の声によく耳を傾け、より自立的に開発を進められるようにすべきだ、という発想に基づいている。

注意しなければならないのは、参加を促進するというアイデアそのものは現地の人々からではなく、ドナーから提案されていることだ。考えようによっては、現地の人々——特に内外の状況に通じた実施主体やミドルマン——が援助欲しさに、ドナーが理想とするような住民参加を演出しても不思議ではない（Lewis and Mosse 2006, 元田 二〇〇七）。

ドナーから見れば、そのような援助は失敗である。理想のシナリオが実現されないばかりか、援助依存とも言える状況を生んでいるからだ。一方で、ドナーにとっての失敗は、現地の人々にとっての失敗を必ずしも意味しない。援助されるという機会を生かして、何らかの利益や意図を実現できれば生きていく上で役に立つだろう。

相手のまなざしを内面化したアイデンティティの資源化は、いわば援助がつくる社会生活の一つの形である。一見、悪く言えばドナーを逆に搾取しているように受け取れるかもしれない。しかし、現場——ここでは現地の住民が暮らしている場所——に身を置いて目をこらすと、ドナー、実施主体やミドルマン、そして一般住民の間には、ある種の互恵的な交換関係があることが見えてくる。以下、二つの事例から考えてみよう。

二　メキシコのオトミーと援助——「貧しき都市の先住民」としてしたたかに生きる

1　メキシコ市のオトミー移住者

先住民は、貧困削減ないし文化復興プログラムの対象として、国際開発援助業界において注目を浴びるようになった。メキシコは、一億人を超える人口の七パーセント前後の人々が先住民言語を話すという、「新大陸」ラテンアメリカの中でも最大級の先住民人口を抱える国である。彼ら先住民は、スペインにより植民地化されてから五世紀の間、社会の底辺に位置してきた。しかし、二〇世紀初頭の革命を経て以降、特に近年に入り、政府、非政府の様々な主体により先住民への援助が行われるようになった。

植民地期以降のメキシコ先住民の基本的な社会単位はコミュニティであるが、本事例が扱うのは、メキシコ中部ケレタロ州にあるSM（サンティアゴ・メスキティトラン）というオトミー語族のコミュニティから、首都のメキシコ市に移住した人々である。面積約四〇平方キロメートルの高地で、SMのオトミーはトウモロコシ耕作を中心とする家族農業を生業としてきた。周囲に住む、より肌が白く公用語のスペイン語しか話さないメスチソ（非先住民）は、オトミーよりも経済的に豊かであり、オトミーに対し差別的に振る舞うこともあった。

先住民コミュニティは二〇世紀に大きな変容を経験するが、SMも例外ではなかった。農地改革に始まり、先住民政策、さらには貧困層に直接所得を補填する社会政策など、政府により様々な公共政策が実施された。人口は二〇世紀後半に四倍に増え、現在は一万人を超える。言語については、住民の八割以上はスペイン語も話す二言語人口となっている。変容の中で特に重要なのが、季節的なものも含む活発な移住である。国内の最大の移住先が、世界有数の巨大都市であり、バスで四時間の距離にあるメキシシコ市である。

メキシコ市でのオトミーの生活は苦難に満ちていた。オトミーの教育水準は先住民の中でも低く、かつ地価の上昇する都市で住宅を確保せねばならない。彼らの大半がそこでとった適応戦略は、仕事——建設労働、露天商・行商、車の窓拭き、物乞い等——においても、住宅——不法占拠地や不法分譲地に親族や同郷者と一緒に居住——においても、法律や規制の間隙をすり抜けることで生きる場を得るという「インフォーマルな」ものだった。この戦略は、オトミー移住者がその人間関係と行動様式において、出身コミュニティSMとの連続性を保つことを可能にした。だがその一方で、こうした弾力的、漸進的な適応は、低い教育水準が親から子へと引き継がれることをはじめ、都市における彼らの孤立を促すように働いてきた。援助も、オトミー移住者のこうした戦略に組み込まれるようになった。

2　援助の活発化

移住による流入のため現在、全国の先住民の二〇人に一人はメキシコ市の住民である。ところが、都市の先住民を対象とする援助がなされることは少なかった。その中でSM出身のオトミーは、ホテルの前で民族衣装をまとい、子連れでガムを売ったり物乞いをしたりして人目を引いたことから、他の先住民に比べると早い一九七〇年代から援助を受けてきた。先住民運動の高まりやNGOの隆盛、左派地方政府の誕生といった理由により、援助の活発化する一九九〇年代以降、彼らは援助主体にとって最も重要な受益集団の一つとなった。九〇年代以降に多くの援助を受けるようになったオトミーは、コロニア・

ローマというかつて栄華を誇った中産階級の居住区内にある、五つの不法占拠地に住む人々だった。住宅街に点在する空地にたくさんの先住民家族が入り込み、廃材で家屋をあつらえ、成人のアルコール依存、路上での児童労働や薬物吸引といった問題が観察されるとなれば、対象を先住民に限定しない組織も含め、援助主体には格好の受益者候補となる。筆者が一九九八年秋に調査を開始して以来、少なくとも八つの政府機関と八つのＮＧＯが、国外のドナーから一部資金を得つつ、何らかの援助を同コロニアのオトミーに実施してきた。

援助の実施主体は、大別すると①住宅援助、②人的資本の改善（就学児童への支援や成人向け識字教育等）、③所得移転（奨学金や食糧交換券の供与等）、④法的支援、⑤文化・コミュニケーション、の活動を行ってきた。「極貧に見える」受益世帯の金銭的な負担は限られており、慈善性は顕著である。また、方法論として、占拠地の市民団体としての登録など、援助主体は受益先住民の組織化を促す傾向にあった。「先住民は共同で行動する」という先入観や、「組織化しないと支援しにくい」という援助する側の事情のためである。

政府機関やＮＧＯが自らの先住民観や専門性、都合により活動の方針を定める傾向がある一方、オトミーの側も受動的に応じてきたわけではない。全般に貧しい先住民移住者の中で、物乞いやそれに近い活動をする者の割合が際立って高いことが示すように、彼らは、制度の隙間をついて自身のイメージを操りながら、生き抜いてきた人々である。自らのありようにより援助を獲得できることを認識し、援助主体との接し方も学んでいった。付き合いの浅い援助主体に対しては、所得を低く申告する、よそから

写真１　コロニア・ローマに住むオトミーの家族

援助を受けていることを隠すなど、情報を操作した。援助主体が競合する場合、それらの能力を見きわめるよう努めた。知識層が枠組みを設定する文化プロジェクトには乗らなかった。

援助は対象とされる人々にあまねく行き渡るわけではない。このため、活発な援助は、ミドルマンとして外部主体と付き合う中に政治意識に目覚めた占拠地リーダーから、アルコール依存に苦しみ援助の効用が限定的なものにとどまる世帯まで、オトミー内の分化、アイデンティティの多様化をもたらした。占拠地に住まないオトミーも含め、援助へのアクセスの悪い人々は、アクセスのよい人々、ないしよいと思われる人々のことを嫉妬したり批判したりするようになる。妬みや不信は、リーダーの親族世帯とそうでない世帯との対立を引き起こすこともままあった。

オトミー移住者になされた多種多様な援助は、

援助専門家の立場からは成功を収めたと言えない。一時的にせよオトミー世帯の所得を補う効果は認められ、かつ郊外に代替地を確保した占拠地と補助金付きの公的集合住宅を入手した占拠地がそれぞれある反面、援助主体の期待にそぐわなかった活動も多い。投入された援助物資の総量を分母にとるならば、援助の効率は低い。さらに、少なからぬ世帯の間で依存と対立が見られる。コロニア・ローマの占拠地に住むオトミー世帯は、一九九八年秋時点から二〇〇四年夏時点にかけて約九〇世帯から約一二〇世帯に増えているが、援助主体により保護や支援が得られるという期待はその一因をなす。上からの組織化について言えば、三つの占拠地は内部対立から分裂している。

だが、視点を変えれば、援助を失敗と断ずることはできない。オトミーは先住民であることとインフォーマルな適応戦略を結びつけ、そのことにより援助を引き出しつつ、大都市という彼らには住みやすいとは言えない環境下で、巧みに生存を確保してきた。援助する側も、オトミーを受益者として発見し助けることにより、「雇用先を見出し、「善いことをしている」という幸福感を得てきたのである。次に、占拠地付近に専用の建物を構えており、最も重要な援助実施主体の一つと言えるNGOとオトミー受益者の関係をとおして、援助の実態を見てみたい。

3　あるNGOとオトミー移住者の持ちつ持たれつの関係

CES（仮称）は、オトミー児童とその家族の福祉のため、総合的なプロジェクトを実施してきた。ストリート・チルドレンに関するセミナーをきっかけにオトミー児童と知り合い、彼らの住む占拠地への支援を始めた専門家により、結成された。以降、活動範囲を拡大しながら一〇年以上にわたって援助を行っている。オトミー児童が、学業放棄の一因となるだけでなく早婚やシンナー・麻薬の吸引とも結びつく「路上」ではなく、「教室」で過ごす時間を長くさせようと手助けするOESの活動は、国内外の様々なドナーから資金を得てきた。

CESの援助活動は、①児童の通学を条件とする、補習や芸術・ジェンダーのクラス、古着制服や牛乳、無料保健診療等の提供、②占拠地を訪問しての情操教育や母親への裁縫教室の実施、③公立学校との連携、④成人教育など、包括的である。受益者を動員しつつ、ドナーとの交流イベントも開催された。イベントでは、児童と母親はお菓子や文房具を獲得するとともに、ドナーに窮状と感謝をアピールする役割を演じる。その最盛期にはCESは二〇名前後の職員を雇い、経常予算は二五万ドルに達した。洗練された手法、一〇年を超える活動実績、訪れた著名人の写真からは、CESは模範的な援助実施主体に見える。だが、CESの掲げる目標――投入された財とサービスがオトミー児童の機会の拡大に結びつくこと――の達成度は、低かった。

CESの活動は幼稚園と小学校への就学率の上昇などには貢献した反面、首都の若者の間では大半を占めるようになった中学校卒業者や高校進学者の比率はオトミーの間では低いままである。二〇〇〇年春時点で一二〇名の児童がCESに登録されていたものの、すべての児童が継続的に参加するわけではなく、参加者は減る傾向にある。薬物を買うお金欲しさに赤信号で停車中の車の窓を拭き「チップ」をもらう児童も含め、児童労働と薬物消費は依然として存在する。元職員の中にはこうした実態を評して、

「CESの活動はまったくの失敗であった」と語る者もいる。ドナーへの評価報告では、期間の区切られた個々のプロジェクトへの参加者数など、成果よりも投入の記述が中心であるため、ドナーは目標と実態の乖離を把握しにくい。また最近では、出費の増大、外部資金へのほぼ全面的な依存と他のNGOとの資金獲得競争といった要因のため、CESは資金難に陥るようになった。

受益者であるオトミーの対応に目を向けると、自分たちの状況と関心、職員の力量、拘束時間の長さ、および他の援助機関との比較に基づき、冷静に参加の度合いを決定している。オトミーは、CESが他の援助主体とは異なりオトミー支援に特化しておりその継続に職員の生活がかかっていること、両者は持ちつ持たれつの関係にあることがわかっている。資金捻出および参加世帯の「自覚」のため、費用の一部を受益者に負担してもらおうという意見がある。しかし、CESがそれに踏み切れないでいるのは、オトミーの貧困だけでなく、彼らの多くが財とサービスを受け取ることに慣れていること、さらにはこうした微妙な力関係を反映している。

多くのオトミーは、不安定とはいえCESの若手職員よりも高い所得を得ており、それをテレビやステレオ等の家電製品の購入、帰省や実家の住宅建築にあてたり、あるいは仲間との酒宴などに費やしたりしてきた。路上での児童労働も、長く働けばリスクは高まるとはいえ、家計に貢献し小遣いを稼ぐことができる。彼らが受けるようになった様々な援助には、総体として見れば、そうした戦略を保護し強化する面もあった。また、給与水準が低いこともあり、CES職員の離職率は高い。それが、受益者からの信頼の獲得と知識の蓄積を妨げてきた。このような文脈の下、頻繁に交替するCESの若手職員が、教育水準の上昇と安定した就職など「都市への速やかな適応」を促そうとしても、多くのオトミーにとって説得力に乏しく受け入れにくかった。

去った者も含めベテラン職員は、自分たちの活動が思うような成果を収めていないことを嘆く一方で、オトミーへの関与をできるだけ続けていきたいと望んでいる。CES創設にも関わり、オトミーの間で人気の高かった元職員の場合、長く支援してきた家族のことを退職後も気にかけ、彼らと会う機会があれば話し込む。

4 「貧しき都市の先住民」への援助の評価

メキシコ市のオトミー移住者は、国内外で先住民への関心が高まる中、「貧しき都市の先住民」として発見され、様々な援助を受けるようになった。彼らへの財とサービスの移転は、国際ドナー機関の出版物や現地NGOのパンフレットに謳われた目標に照らすならば、課題を抱えており、高く評価することはできない。

だが、援助を「資金や政治権力において恵まれた主体から恵まれない主体に向けての一方的な変化を促す活動」とする通念から離れたら、どう見えるだろう。オトミー移住者への援助過程は、各々が先入観と利害、感情を有する複数の援助主体と、逆境を利用しながら生きるニッチを模索するオトミーとの間の相互行為（相互作用）と捉えることができる。オトミーは、アイデンティティを資源化し、制度のほころびと相手の気持ちを読み取りつつ、置かれた条件の下で彼らによいと考える形で援助を受け入れてきた。援助する側も、時に不満を漏らしつつも、こうした彼らのありようから利益ないし満足を得てきたのである。

三　フィリピンのサマと援助――「貧しきマイノリティ」として目覚める

1　援助以前のサマ――助けの来ない人々

フィリピン、ミンダナオ島・ダバオ市では、サマはバジャウと呼ばれるマイノリティである。バジャウとは歴史的には、沿岸部に定着して暮らす陸サマを含む周辺のムスリム集団が、家船に住む海サマに対して使う蔑称だった。しかし今日のダバオ市では、キリスト教徒が住民の多数を占めることもあり、サマ語系住民の内部の細かい違いは、外部者には意味を持たなくなった。経済的に困窮しており、沿岸部の不法占拠区に暮らすようなサマ語系住民はおしなべて「バジャウ」と呼ばれている（**写真2**参照）。また、当事者たちも、物乞いなどで貧困をアピールしやすいことから、自らバジャウと名乗っている。

これらの人々は、地方の治安の悪さや経済的困窮などから都市へやってきた比較的新しい移民である。キリスト教徒でもイスラーム教徒でもなく、主要言語（英語、フィリピン語、地域共通語のセブ語）も十分に解さない。都市部では珍しく、小学校に通ったこともないような低学歴である。一九九八年時点では、男性は移住に伴い資本供与してくれる仲買人との関係を失ったことから生産性が著しく低下した生業的漁業か、都市型の生業として移行した真珠行商に従事していた。女性や子どもは古着行商、時に物乞いをして糊口をしのいでいた。所得の低さと衛生状況の悪さから、栄養失調や破傷風、疥癬など健康上の問題を抱える住民の割合も高かった。

何よりも目立った特徴は、これほど貧しいのに「助けに来る人がほとんどない」ことだった。メキシコ同様に、フィリピンでも都市貧困層はインフォーマルな経済活動で生きる場を求めるものの、そこでの取引関係は、モノの売買であれ、働き口を探すのであれ、お金の貸借であれ、エスニック集団別に行われる傾向がある。それに加え、政治的・経済的に交渉力の弱いサマの場合、ほかのエスニック集団との取引はなお難しい。またフィリピンでは、政府にとって直接的な利害が生じない限り、マイノリティの中でも声の小さい人々は保護してもらえない。つまり、国家の性質の違いと彼ら独自の歴史のため、サマはオトミーの場合以上に、開発から取り残された人々であった。

2　宣教師の到来とアイデンティティの資源化

フィリピンでは、マルコス独裁政権を倒した一九八六年のピープル・パワー革命以降、憲法や地方政府法の中で、市民社会の政治決定過程への参加が制度化された。ラモス政権（一九九二〜九八年）で体系化され、アロヨ政権（二〇〇〇年〜）に引き継がれた貧困政策においても、その担い手としてNGOや住民組織の役割が強調されるようになった。この流れは、援助業界において、市民社会支援や住民参加型開発が謳われるようになったことと無関係ではない。だが、制度化されたからといって、現地で「市民」がどこでも偏りなく活躍しているわけではなかった。すでに指摘したように、ダバオ市のサマは周辺の

写真２ 礼拝で配る米を準備するサマの信徒たち

市民から孤立した、いわば社会的に排除された存在だった。

事実、ダバオ市ではムスリムもクリスチャンも含め市民がサマ、すなわちバジャウを援助する動きは乏しかった。稀に助けたいと近寄る市民があっても長続きしなかった。サマの頻繁な移動、海上集落の劣悪なインフラや意思疎通の難しさに阻まれただけではない。援助者と一般住民とを仲介する「リーダー的な住民」が誰なのか見えにくい、というコミュニティとしての凝集性の弱さも援助をしにくい理由の一つだった。

だが、実はサマ集落にも何人かリーダー格の住民はいた。一九九八年時点で集落の総人口（約一〇〇〇人）の五パーセントがキリスト教徒で、その中にはサマの牧師・ジョン（仮名）もいた。キリスト教徒といってもフィリピンで大半を占めるカトリックではなく、「生まれ変わった」（ボーン・アゲイン）と名乗るプロテスタントだった。以前からセブ語を母語とする牧師が住み込み、サマ語を学んで心を込めて布教していたのである。「神の前における人間の平等」を説き、ジョン牧師も育て、外部から来る人間に対して臆せず対等に交渉する態度を授けた。

二〇〇一〜〇二年には、キリスト教信徒は住民の三分の二まで急増した。新たに、北米からの福音派宣教師たちが到来したからである。さかのぼってみれば現代のサマの困窮ぶりは、二〇世紀前半のアメリカ植民地期におけるマイノリティ政策にも一因がある。それまでマジョリティもマイノリティもなかったフィリピンの人々を、クリスチャン、ムスリム、異教徒に分け、後二者を差別的に扱ったからだ。だが皮肉にも、およそ一〇〇年を経てサマを救いに来たのもアメリカ人だった。

一方のサマは、求められるままに入信し、相手のまなざしを逆手に利用することをおぼえた。貧しさに加えて、新しいクリスチャン・バジャウというアイデンティティを訴えれば、援助を引き出すことができる。しかもそれは、聖書にもあるように、富者と貧者との間にあるべき相互行為に過ぎない。

3　格差拡大と依存による自律

北米から宣教師がやってくる以前、一九九八年に同じ地域で、「バジャウ」の生活条件を改善するためには何が必要か調べたことがあった。近隣のエスニック集団も、当事者のサマ自身も、こう答えていた。援助介入があるとすれば、その焦点は生業支援であるべきだ。

だが、二〇〇一年以降活発になった北米系宣教師がバジャウに贈与――愛の献金として――した財やサービスは、どれも生業には直接関係がなかった。福音伝道活動のセオリーどおり、現地にないよき物として近代の威光である教育（デイケア、初等教育就学支援）と医療（受診支援、医薬品供与）が与えられた。また、地域内の教会や通路、信徒の住宅などの建設や修理・保全サービスがなされ、米などの食糧が信徒に配られた。

こうした財やサービスは、経済的な困窮が著しく進んでいたサマの人々に日々の暮らしを生き抜いていく上での不可欠なものを供与したとも言える。しかし、自力で稼いで支払う能力を向上させる、つまり生産性を上げることを意図するような財やサービスの投入は稀だった。

援助はまた、サマ社会を二つの異なる方向に再編成した。まず、社会のまとまりが高まった。援助の受入れと使途決定を担うミドルマンとなり、同時に宗教的な権威をまとったジョン牧師が新たな指導者として登場したからだ。他方で、宣教師も牧師自身も意図せざる結果として、サマ信徒の間に嫉妬や軋轢が生じた。牧師が家族や近しい親族に厚く財やサービスを分配したため、サマ社会内部での不平等が拡大したからだった。

サマ社会と地域社会の優勢諸集団との関係に視点を移してみよう。キリスト教徒になったからといって、たとえば同じバランガイ（フィリピンの最小行政単位）で政治を握るムスリムとサマとの非対称な力関係が直ちに改善したわけではなかった。しかし、宣教師介入前のサマの困窮ぶりを考えると、「白人」の権威と援助がなければ、さらに周縁に押しやられていた可能性も否定できない。地方政府などよりも上位の権威と現地で認識されている北米系宣教師によって、生活防衛が企てられたともとれる。いわば「依存」によって「自律」を保っている状況が生じた。

4　現地NGOの到来とアイデンティティの流用

この様子を注意深く見ていた「よそ者」がいた。一九九七年以来、筆者の調査助手としてサマに親しんでいたクララ（仮名）である。市内多数派・セブアノ系キリスト教徒で、サマと同じバランガイに住んでいた。四年制大学卒、NGOでコミュニティ・オーガナイザー、バランガイで出納係として働いた経験があり、四〇代で技術者として安定した所得のある夫との間に三人の子どもがいる。サマのうちでも貧しく声の小さい住民がますます取り残されていくことを、心配していた。

折よく、援助業界で一定の評判のあるNGOがクララを頼ってやってきた。ともに医師である夫妻をトップとする、現地系のNGOだった。サマの人々の意思を確認することも、独自の社会経済調査をすることもないまま、NGOは、「バジャウのメインストリーム化」――住民参加型開発と包括的な生活改善を柱とする――プロジェクトを英語で作成し、インターネットを通じてCIDA（カナダ政府の国際開発庁）に提出した。二〇〇五年にCIDAはこれを認可し、バランガイの年間予算の実に三分の一強に相当する大金をNGOに贈与した。お金はサマではなく、NGOがコンサルタントとして雇ったクララに委ねられた。

バジャウに対する援助は、近隣のバジャウでない住民の嫉妬と妨害を招きかねない。これらの人々もまた生活は楽ではないのだ。実際に、苦情やうわさが絶えなかった。それに加え、ドナー（CIDA）に対する申請書では少しでも多く予算を獲得しようと、受益住民数は水増しされていた。そこで、クララはプロジェクトに必要な「バジャウ住民」をつくった。どうせドナーどころかNGOの職員でさえ、住民のエスニシティの区別はつかない。学術的分類でも現地通称でも「バジャウ」(海サマ)ではないサマ語系の「バジャウっぽい住民」——アイデンティティの流用である——を加え、プロジェクト受益者としたのである。

ドナーの訪問時の催し物や、ドナー向けDVDなどには、バジャウっぽい住民が「真正のバジャウ」になりきって登場し、ドナーの求める開発の理論と実践に沿って「きちんとやっていますよ」と演出する。ダバオ市当局など利害関係者会議が召集されたときも、バジャウっぽい住民ばかりが出席する。ドナーへの報告書は、メキシコの事例にも当てはまるが、投入数量——デイケアに通う子どもの数、予防接種を受けた赤ん坊の数や建設計画中の住宅の数など——しか要求されない。ドナーの期待を勘案しながら、大きな嘘のない範囲でクララが英語で下書きし、NGOのトップが仕上げた。

5　隠された交換関係

NGOが配った援助も、その中身を見ると生業支援に直接関わるものは少なかった。宣教師と同じように、食糧、医療、就学前児童教育、そしてクリスマスやハリラヤ——ムスリムの断食明けの祝祭——の贈り物などに集中している。インフラについても、NGO関係の集会や学校として使用する建物やその付近の通路から重点的に整備された。

写真３　住民リーダーの１人（左）とＮＧＯ職員（右）

援助を受益者の福祉増進の道具とみなすとすれば、宣教師の場合もＮＧＯの場合も、二重の意味で失敗であろう。一つには、本来、サマ自身も認識していた生業支援が行われず、経済的な生活水準が改善しなかったこと。もう一つとしては、善意がかえって受益者の依存を生んでしまうというジレンマが発生したことである。

しかし、見方を変えれば、これらの主体とサマとが互恵的な交換をしていることがわかる。サマと北米系宣教師との間では、アイデンティティ（貧しいクリスチャン・バジャウ）と援助・政治的保護が交換されている。現場からは見えにくいのだが、宣教師と本国の教会の間にも、信徒獲得数の見返りとして、物資・名誉（困難な使命をやり遂げたことがＨＰに掲載されるなど）が与えられているのである。

隠された重層的な交換関係は、ＮＧＯについても当てはまる。サマとNGOの間では、やはりアイデンティティ（この場合は、貧しいマイノリティ・バジャウ）と、援助・政治的保護が交換されている。一方、現地にあるNGOと遠方にあるドナー（CIDA）との間では、住民参加型の援助計画作成とその実施に対して、物資・評判（これによりCIDAおよび他国政府や国際機関からプロジェクトを受注する可能性が高まる）が交換されている。

このように根底にある互恵的関係を見るならば、生業支援——本質的に配るだけではすまないし、受け取るだけでもすまない——が行われないまま、援助が続いたことも不思議ではない。宣教師にせよ、NGOにせよ、当事者のサマ自身（特にミドルマンとなった牧師）にせよ、援助という相互行為に則って、それぞれの目的を果たしたのだから。

四　アイデンティティの資源化・再考

ここまでメキシコ（オトミー）とフィリピン（サマ）という二つの途上国に住むマイノリティに対する援助を例に、援助が呼び起こしうるアイデンティティの資源化と、その背後にある互恵的とも言える交換関係について論じてきた。財やサービスを受け取り、誘導されるだけの存在に見えがちな人々も、したたかに主体性を発揮している。援助過程には上流から下流までお互いのことをよく知らない様々な主体が関わること、およびドナーやNGOら援助する側は公式の報告書からは読み取りにくい動機——名誉や雇用、満足感など——を抱いていることが、そうしたありようを可能にしている。

オトミーもサマも、アイデンティティを操作しながら生きている。「貧しきマイノリティ」というアイデンティティは、特にサマの場合に当てはまるように、フォーマルな市場経済と政治権力へのアクセスに乏しい人々が、グローバル化された社会の中で生き残るための武器となる。

筆者は、こうしたアイデンティティの資源化を称えているわけではないし、援助の意義を否定しているわけでもない。アイデンティティの資源化は、マイノリティ内部での格差を広げ対立の原因となりうるほか、非マイノリティとの力関係の平等化も保証しない。本書の他の章で論じるように、投入される財とサービスが受益者の機会の拡大に転換されるという意味での「援助の資源化」を地道に追求する作業も大切だろう。だが、オトミーとサマへの援助の現場から見えてくる複雑な関係性は、一つの問いを投げかけている。人々の生活の目標とそれを達成する手段を外から定め、計画通りに事が運ばなければ「失敗」だ「依存」だと、ドナー――そして往々にして私たち自身――の側の視点から決めつけて果たしてよいのだろうか、と。

参考文献

青山和佳（二〇〇六）、『貧困の民族誌―フィリピン・ダバオ市のサマの生活』東京大学出版会

佐藤寛（二〇〇五）、『開発援助の社会学』世界思想社

元田結花（二〇〇七）、『知的実践としての国際開発援助―アジェンダの興亡を超えて』東京大学出版会

Lewis, David and Mosse, David, eds. (2006), *Development Brokers and Translators: The Ethnography of Aid and Agencies*, Kumarian Press, Inc.

＊本章の一部は、平成一七年度日本証券奨学財団研究調査助成金による「貧困の学際的研究—事例研究によるアプローチの再検討—」の成果である。

第Ⅱ部　援助と資源の再分配

第四章　正しさとコストと同情のはざまで

――インドネシアのNGOによる小規模援助プロジェクト

東方　孝之

インドネシアのある村でのNGOによる援助プロジェクトの実施に、筆者はボランティアとして中心となって関わっていた。プロジェクトが終わりを迎える頃、その村を調査する機会を得て、第三者の視点から改めてこのプロジェクトを見直してみた。そのとき、筆者には何が見えてきただろうか。

はじめに

「ランプン湾周辺では大型トロール船による底引網漁や、周辺住民による爆弾漁などによって珊瑚礁が破壊されてしまった。そのため漁獲量が減少し、住民の所得も減ってしまった。また、かつてはこの地域一帯には豊かなマングローブ林があったが、エビの養殖池や木材利用のため伐採が進み、少なくなってしまった」

二〇〇一年、現地を訪れた日本のNGO「アジア国際協力会」(仮称)に、インドネシアのスマトラ島南端のランプン州で活動しているNGO「アラム」(仮称)が語った。

こうした爆弾漁などによって自然破壊が進んだ状況を憂えた大学生らは一九九五年にNGOを結成し、自然環境保全を訴えるとともに、ランプン湾周辺の住民の収入向上にも配慮したいわゆる持続可能な発展を目指すべく活動を開始した。一九七〇年頃からランプン湾で見られるようになった爆弾漁については、彼らの活動が効を奏して周辺の村々や国軍・州政府との間で爆弾漁を禁じることで二〇〇〇年に合意に至った。

アジア国際協力会が訪れた頃には、アラムはその活動の中心地となったカワン村(仮称)で、住民とともに珊瑚礁の分布を調査して地図を作成し、漁民の収入を支えるべく珊瑚礁に代わる魚のすみかとして人工漁礁を設置する、といった活動を行っていた。また、カワン村の小学校にスタッフが出向いて環境教育も実施していた。

彼らの活動に共感したアジア国際協力会はアラムを支援することを決め、二〇〇二年から四年間にわたって小さなプロジェクトがカワン村で実施されることになった。

人文・社会科学振興プロジェクト研究に参加したのを契機に、活動が終わりを迎えることになった二〇〇五年から、筆者は現地NGOの協力の下、村のほぼ全世帯に対して聞き取り調査を開始した。小規模援助プロジェクトについても各世帯に質問してみたところ、興味深いことがわかった。農業技術指導プロジェクトがあったことを、「知らない」と答える世帯が四割ほどを占めていたのである。さらにその傾向として、貧しい世帯ほど「知らない」と答える確率が高くなっていた。なぜ、貧しい世帯ほどプロジェクトがあったことを知らない（よってもちろんプロジェクトに参加したことがない）という答えが出てきたのだろうか。そもそもこの援助で投入されたはずの資源はどこへ行き、そして誰にとってどのような資源となったのだろうか。

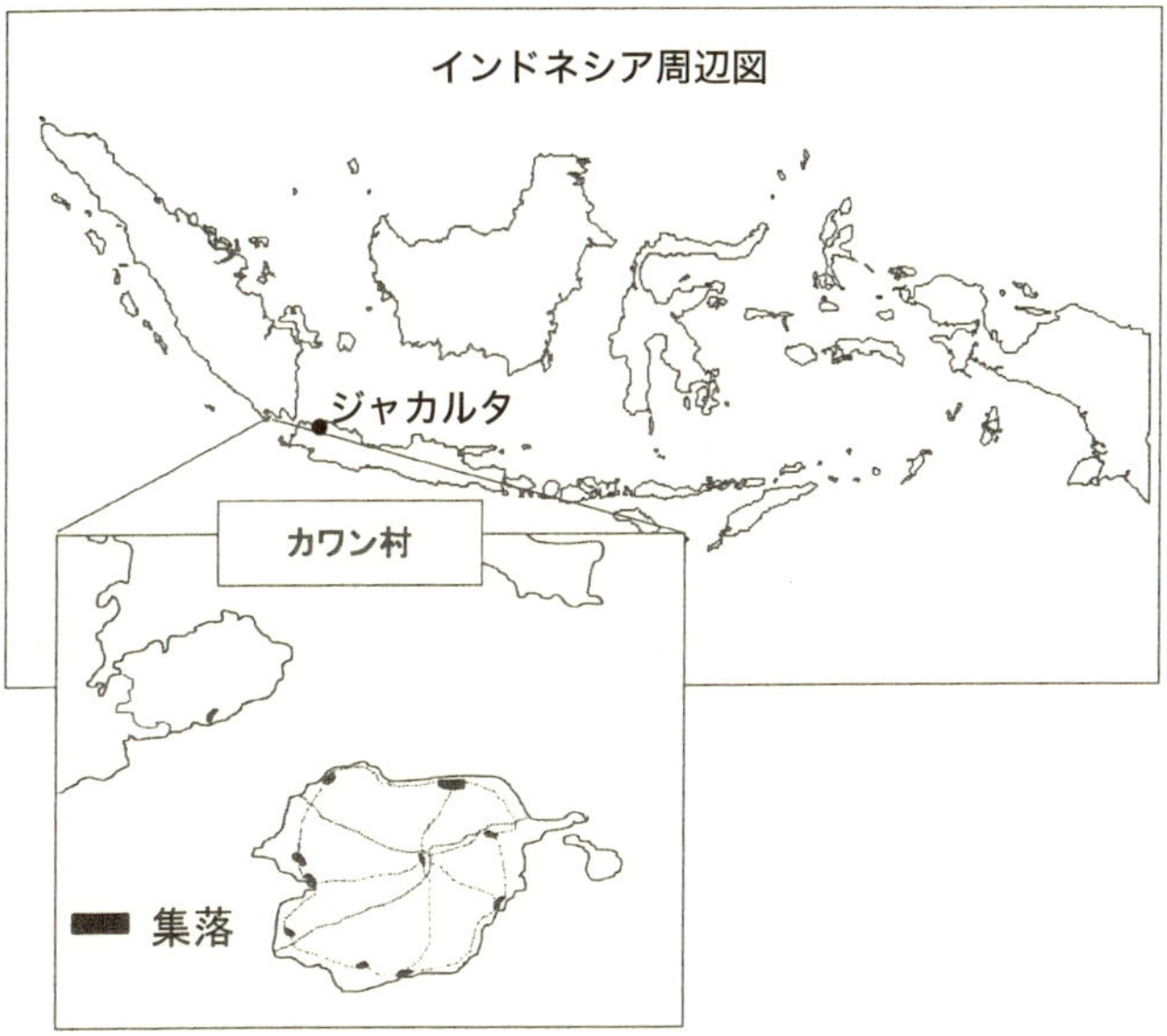

図１　カワン村の位置

援助とは、恵まれない地域や集団を選んだ上で、そうした対象に資源を移転する活動である（第三章）。ここでは、筆者が実施責任者の一人として参加した小規模援助プロジェクトを事例として取り上げ、この援助に伴い誰が新たな資源を獲得できたのか、そしてそうした現象はなぜ起こったのか、その獲得に至った背景や援助の仕組みに注意しつつ見ていくことにしよう。

一　小さな離島

スマトラ島南端に位置するランプン州には、ジャカルタから飛行機に乗って四〇分で到着する。カワン村はその州都バンダル・ランプンから車・船を乗り継いで三時間ほどのところにある。

村は周囲約一五キロの小さな島と対岸（スマトラ島）のわずかに開けた土地から構成されている。人口は一二〇〇人（二七〇世帯）ほどであり、その多くは島に住んでいる。この島は山の先端が海上に突き出ているような格好となっており、平地は海岸沿いにわずかに広がるのみである。水田はなく、山中ではカカオやヤシ、バナナ、丁子《ちょうじ》などが栽培されており、沿岸には船が並んでいることからすぐわかるように、漁業も村の主要産業である。

島には国営電力会社（ＰＬＮ）の電気は通っておらず、数軒が自家発電しており、またそうした家から電気代を支払う余裕のある世帯は電線を引いて利用している。村の医療機関としては、政府から派遣された後に島の男性と結婚し、島民となった助産婦が一人いるのみで、彼女がマラリア患者などありと

写真１　海から見たカワン村

写真２　カワン村の風景

あらゆる病人を診ている。こうしたインフラの整備状況などから見ても貧しい村であることがわかるように、カワン村は一九九四年にインドネシア政府によって「貧困村」の指定を受けた村の一つである。

二〇〇五年、筆者はまず、村の中で相対的に貧しいと見られている世帯がどのくらいの割合を占めるのか、そしてそうした世帯はどのような特徴を持った世帯であるのかを調べてみた。村の住民十数名にお願いして、村の全世帯を主観的な「豊かさ」に応じて五つのグループに分けてもらったところ、三四パーセントの世帯が村の中での最貧層と見られていた。そうした人たちにおおむね共通する特徴としては、土地を所有しておらず、借地・借家で生活しており、仕事としては日雇いや小作農もしくは自家消費程度の漁業に従事していた。「最貧層の収入は多くて一日一万二〇〇〇ルピア（約一五〇円）くらいだろう」とのことであったため、家族の人数が二人以上だと、一日一ドルを下回る生活をしていることになる。統計庁はカワン村の属する南ランプン県の貧困者人口割合を二八・五パーセント（二〇〇三年）と推計しているが、この割合は全国水準（一七・四パーセント）を大きく上回っている。ここからこの地域全体が相対的に貧しい地域であることがわかる。

二　貧しさと資源

カワン村にはなぜ貧しい人が多いのだろうか。何をもって「貧しい」と判断するかは難しい問題であるが、ここでは人間らしい生活をする上で必要最低限の所得を得ることができない、ということにしておこう。では、なぜ十分な所得を得られないのだろうか。

所得がどのように生み出されるかを考えてみよう。人は、労働力、機械などの資本、土地や海洋といった自然、そして技術（知識）を組み合わせて財やサービスを生み出し、その対価として所得を得ている。よって、十分な所得を得ることができない理由の一つには、労働力などの資源を持っていない、もしくは持っていたとしてもきわめて少ないことが考えられる。たとえば身体に何らかの障害を抱えてしまった場合には、健常者ほどには働くことができず、少ない所得しか得られないことになるかもしれない。また、生まれ持っての労働力以外の資源、すなわち土地や資本がない、ということも所得が少ない理由であるかもしれない。二つめの理由としては、既存の資源を組み合わせて生産した財・サービスの量が少なく、また価値（価格）が低い、ということが考えられる。

カワン村の就業構造を見てみると、世帯主の六割が農業、三割が漁業を一番重要な仕事として挙げている。つまり、ほぼ全世帯が一次産業に従事している。農業はヤシやカカオなど換金作物に頼っているが、現地を訪れた農業専門家によれば、カカオの栽培技術水準はきわめて低い。木々間の距離は適切でなく、誤った剪定《せんてい》方法が用いられていた。そのため収穫量は少なく質も悪い。また、土地なし農民には小作農や不定期の日雇いの農業労働くらいの就業機会しかない。漁業も収入が季節ごとに、そしてまた毎日ばらつく不安定な産業であり、珊瑚礁が破壊されたことによって漁獲量が減ってしまっていたことは冒頭に見たとおりである。

このように、①資源が不足している（土地や技術・知識がない）ことや、②既存資源を活用して現時点で生み出せているものが低価格、もしくは市場の動向に左右されやすい作物であること、が彼らの所得が低い理由だと考えられる。よって、外部者がカワン村に対してできることは、①欠けていると思われる資源を外から入れる、②既存資源を活用してより付加価値の高い財・サービスを生み出す、という二つのアプローチがあり得たであろう。それでは実際にどのようなプロジェクトが実施されたかを見てみよう。

三　ある小さな援助プロジェクト

1　プロジェクトのきっかけ

冒頭に出てきた日本のＮＧＯ「アジア国際協力会」は一九八〇年代後半から、特に環境問題を中心に、インドネシアのいくつかのＮＧＯと協力活動を続けている団体である。インドネシアでは、現地ＮＧＯが本格的活動を展開するのは一九七〇年代以降になってからである。それには、共産主義運動の弾圧の嵐が落ち着きを取り戻したという政治的な理由もあるが、貧困問題が深刻化した、と認識され始めたことが大きいとされる。そして一九八二年に環境管理法が制定される中で、ようやくＮＧＯが公式に認知されるに至り、それ以降ＮＧＯの数が増加していくことになる（酒井二〇〇一）。

二〇〇一年、アジア国際協力会は新たな協力相手先を見つけるべく活動を開始し、インドネシアのＮＧＯについて情報収集・照会を行った。その上で数団体を実際に訪問し、その中から現地ＮＧＯ「アラム」

が協力相手先として選ばれるに至った。

ここで、新たな援助先が当初からインドネシアに限定されていたことに注意しておく必要があるかもしれない。これは、アジア国際協力会にとってはインドネシアでのプロジェクト実施であればすでに経験を積んできたため、その社会環境に慣れており、コミュニケーション、特に言葉の面で新たなコストをかける必要がない、つまりインドネシアで活動する際に用いることのできる資源をすでに備えていたことが大きい。

また、カワン村が日本の援助資源にアクセスできたその背景には、単にカワン村が貧しい村だから、という理由だけではなく、そこでNGOが活動していたから、ということが大きい。ここからNGOのネットワークとしての機能——情報を集め、発信・交換し、国を飛び越えて人々・団体の間をつなぐこと——が貧困層の援助資源へのアクセスにとってきわめて重要であることがわかる。

2　プロジェクトの内容

四年間にカワン村で実施された主要プロジェクトは、①人工漁礁の製作・管理、②生簀《いけす》の製作・管理、③農業技術指導、④モデル農園・共同菜園の設置、の四つであった。いずれも現地住民の所得向上を目的としたプロジェクトである。

人工漁礁は破壊された珊瑚礁の代わりとして魚を集めるべく設置された構造物である。人工漁礁は魚が隠れることのできるような構造を持っていれば基本的にはどんなものでもよいのだが、このときは鉄・

廃タイヤ・ヤシの葉などを組み合わせて約二・五立方メートルの空間を生み出し、深さ二〇メートルほどの海底に沈めた。沈めただけでは流されたり、場所を見失ったりしてしまうため、海上に浮かべた筏とつないである。

アラムは、村の四つの各地区に住民グループを組織させ、そのグループごとに人工漁礁の製作・運営を任せている。また、設置後には規則を定めて人工漁礁を管理させている。規則は、たとえば人工漁礁から得た漁獲高からグループのメンバーは五パーセントを、グループ外の者は二〇パーセントを会計担当者に渡さなければならない、というものである。徴収された資金は基本的には人工漁礁の修繕・維持費となる。

生簀ではハタという高級魚の養殖を行っていた。ハタは国内市場を経て、最終的には香港など海外へ輸出されているらしい。カワン村周辺では華人系資本によるハタ養殖用の生簀が増加しており、村人の中からはその管理に雇われる者や、それをまねて生簀事業に乗り出す者が出てきていた。生簀は三基つくられたが、これらは生簀の管理経験のある住民らに運営させている。生簀、人工漁礁のプロジェクトについては、ほぼ毎年日本人漁業専門家が現地を訪れて進捗状況の確認（モニタリング）やその効果についてヒアリングに基づく簡単な効果評価も行われた。

農業技術指導は日本人農業専門家によって実施された。年に一、二回専門家が現地に入り、果樹栽培技術指導（カカオの剪定方法など）、堆肥づくり、野菜栽培実習などを行っていた。村人の要望を受けて、現地ＮＧＯスタッフの手によりインドネシア語による果樹栽培マニュアルもつくられた。しかし、農業技術指導を受けてもその実践には躊躇する人が多いことがわかったため、研修所が必要である、という話になり、二〇〇五年度にモデル農園が設置されることになった。また、村では野菜を村外から購入する世帯が多いため、野菜栽培技術をお互いに学び合い、野菜の自給率を高めるために、各地区に共同菜園も設置された。これは女性を対象としたプロジェクトであり、自家消費を増やして、実質所得を増加させるのが狙いであった。

これらのどのプロジェクトも、欠けていると判断された資源を新たに投入する一方で、既存の資源を組み直してより付加価値の高いものをつくり出す、という側面を持っている。あえて分類するのであれば、人工漁礁と果樹栽培技術指導は前者の側面が強く、生簀と共同菜園は後者に属すると整理できよう。

これらのプロジェクトによって、カワン村の人たちの収入はすぐにでも増えそうな気がするかもしれない。しかし、実際には少なくとも二〇〇六年の時点では大きな成果は見られない。それはなぜだろうか。その理由を考えるためにも、次にこの援助の仕組みについて見ておきたい。

四　援助の何が問題なのか?

このプロジェクトはどのような仕組みの中で実施されていったのだろうか。プロジェクトの流れを簡単にまとめると次のようになる。まず、アラムの要望をたたき台に協議の上アジア国際協力会が助成団体（日本国内）にプロジェクトを申請する。助成を獲得した後、アジア国際協力会はアラムへプロジェクトに必要な資金を送るとともに、年に二回程度、日本人の農業・漁業専門家を派遣する。このときアジア国際協力会のメンバーも現地へ同行し、プロジェクトのモニタリング（進捗状況の監視）やアラムとの次年度以降の計画などについても話し合っている。なお、アラムとアジア国際協力会との日常的なやりとりは基本的にはメールや電話を通じて行われた。こうして得られた情報をもとに、アジア国際協力会は助成団体に中間報告書、完了報告書を提出する。助成は毎年申請し直していたが、一般的には大きな問題が発生しない限りは、一度助成団体から助成を獲得した暁には、継続案件として一定期間は同団体から助成を得られる可能性が高い。

1　依頼人と代理人の関係から

この小規模援助プロジェクトの中でアジア国際協力会が果たしている大きな役割の一つは、アラムの代理人としての行為である。アラムが単独で援助資源（助成団体）にアクセスすることはほぼ不可能である。そこで、アジア国際協力会はその経歴・実績をもとに、アラムの代理人として助成団体から活動資金を得ていた。一方で、アラムもアジア国際協力会の代理人となっていたことがわかるだろう。アジア国際協力会が、単独でカワン村（に限らなくても、インドネシアのどこかのサイト）でプロジェクトを実施することはきわめて困難である。現地に滞在し続けるコスト一つとってもばかにならない。アラムを代理人として用いることで、その活動コストを大幅に引き下げていると見ることができる。なお、助成団体から見れば、アジア国際協力会も代理人であり、アラムは代理人の代理人として目に映っていただろう。

援助活動は、どれもおおむね同じような仕組みとなっている。代理人が現地NGOではなく、たとえば村の住民に組織をつくらせてそれが代理人となる場合もあるし、インフラ整備などの大規模政府開発援助ではコンサルタントが代理人であったりする。このようにいくつもの団体や組織（アクター）の間で依頼人―代理人の関係が発生していることが国際援助活動の特徴である（Martens, *et al.* 2002）。

この依頼人―代理人関係がうまく機能すれば、全体ではコストを下げられるとともに、各アクター単独では達成することができないことが可能となる。しかしその一方で、この依頼人―代理人の関係において、依頼人が代理人の行動を（限定的にしか）監視できない場合には、情報の非対称性（ここでは、代理人の行動についての情報が部分的にしか依頼人に入ってこないこと）によって、代理人が依頼人の利益よりも自分の利益を最大にしようという行動に走る可能性がある。監視されなければ、代理人は仕事を怠けて代理人としての報酬だけもらおうとするかもしれない。このように代理人の行動が監視できない場合でも、依頼人が代理人の行動の結果、すなわち成果を適切に評価することができるのであれば、代理人が期待通りに行動したかどうかが判断できる。たとえば、代理人＝弁護士が裁判で無罪判決を勝ち取ったという結果から、代理人が一生懸命に働いていただろう、と判断する、といったように。つまり、適切に成果を評価することができるかどうか、ということがきわめて重要である。では、この小規模援助プロジェクトではどのような評価がなされたのであろうか。

2　正確さとコストのはざまで

助成団体に提出された完了報告書では、効果よりも投入の評価により重点が置かれていた。適切に助成が使用されたかどうか、より具体的には領収証がちゃんと揃っているかどうかが、どんな成果を上げたかという報告よりも重要であった。効果の評価ももちろん必要ではあるが、客観的な量的評価は必ずしも必要ではなく、たとえばエンパワーメント（「生きていくための様々な能力の必要性に気づき自発的にコミュニティや組織で行動する力をつけること」）が実現されたと思うか、といった主観的な評価だけでよい。

効果評価が投入評価と比較してあまり重視されないのにはいくつか理由がある。何よりもまず、測定が難しいのである。援助では効果がはっきりするのに、時間がかかる場合やそもそも効果が測りにくい場合が多いことに加えて、たとえ量的に測れる効果が出ていたとしても、それをプロジェクトとは別の何かによる影響と分離して捉えるのが難しい場合も多い。たとえばプロジェクトの前後を単純に比較して収入が増加した世帯があったとしても、それは地域全体の景気がよくなって所得が増加した結果なのかもしれない。効果が本当にプロジェクトによるものなのかを厳密に計測するためには、分析方法についての知識に加えて、データを集めるために多大な時間・費用をかける必要がある。これに対して、投入はほぼ確実にしかも低いコストで把握できる。そこで、どうしても投入が適切であったかどうかが重視されることになってしまう。

次に、効果評価には測定コストが高いことに加え、たとえ評価をしたとしても、ドナー（助成団体）に理解してもらえるかどうか、という別の問題もある。もし理解してもらえないなら、そうした評価にコストをかけるインセンティブは、プロジェクト実施者に働かないであろう。このインセンティブという点に注目するならば、援助では効果とは別に報酬（日当）が決められているため、効果を明らかにしようというインセンティブも働きにくい。

こうしたことは、この小規模援助プロジェクトに限ったことではなく、他の援助活動にも同様に当てはまる。たとえば政府開発援助を考えてみよう。予算は単年度主義であるため、毎年確実に予算を消化することがまず求められる。プロジェクトの効果を測ることが難しいのはどんな援助でも同じであるし、効果の有無にかかわらずプロジェクト担当者（公務員）の給与は事前に決定しているため、成果が民間企業ほど気にされることはない。こうして、やはり政府開発援助の効果も、量的評価が可能な場合ですら、厳密に測られることはほとんどないままに終わってきたのが現状である（Easterly 2003）。

このように、援助は成果よりも投入で評価される傾向がある。これが意味することは何だろうか。依頼人には、代理人の行動に加えて成果すらその情報が不十分にしか得られない、つまり援助はそもそも失敗しないのが不思議と言ってもよい構造となっているのである。

カワン村での小規模プロジェクトでも様々な問題が発生した。アジア国際協力会からすれば、アラムが適切にプロジェクトを実施するか、そしてその効果はあったのかがやはり気になる。アジア国際協力会は助成団体への完了報告書を提出する際に、進捗状況説明ならびに評価報告書をアラムに毎年求めたが、この報告書を見ると、プロジェクトの効果については肯定的な側面を強調する傾向が確認できる。そこで、年数回の現地訪問時の聞き取りをもとに、こうしたバイアスや、不足している情報などを補正して、アジア国際協力会内ではプロジェクトの効果を推し測っていた。たとえば、人工漁礁についてはグループ・メンバー以外の人が利用する際にはその漁獲高から二〇パーセント徴収する、と規則では定められていたが、漁師へのヒアリングからは「無理に徴収しようとして人間関係を悪くして、それが原因で人工漁礁が破壊されでもしたら困るしね」と、規則がちゃんと機能していないこともアジア国際協力会では確認していた。このように現地でのモニタリングから、いくつかのプロジェクトについては、当初期待したほどには効果を上げていないことは、漠然とではあったがわかっていた。

しかし、この年数回程度のモニタリングでは当然限界があった。たとえば、二〇〇六年（プロジェクト終了後）に現地を訪れた筆者に、「実は人工漁礁がいくつか流されてしまって行方不明になっていた」などのそれまで知らされていなかった事実が明らかにされた。人工漁礁は沖合の海中に沈められていることもあり、その存在を目

写真３　人工漁礁を海中に沈めるための準備

で確認するのが難しい。そういった人工漁礁の特徴がモニタリング不足を招きやすいこともあったであろう。

こうしたモニタリング不足に対しては、効果を正しく測っていれば、たとえば漁民の収入を定期的に調査していれば、問題発生時にすぐに把握できたかもしれない。しかし、漁業収入は毎日獲れる魚の種類・量・価格も異なり、またどれがどこで獲れたかを分けて計測するのも大変である。さらに、漁獲量が増えたとしても、それは網が新しくなったからなのか、経験・知識が増加したからなのか、それとも魚の餌となるアミが海流の流れの変化で例年より増えたからなのか、を検討しなければならない。このように、人工漁礁の場合でも、その効果を測るのにはコストが大きくかつ困難であることがわかる。

正確に効果がわかってさえいれば、何か問題のあったプロジェクトからは速やかに手を引いて別の、たとえば農業技術指導などに資金を優先的に回すことが正しい、すなわち効率的であった。しかし、正確に効果を測ることが技術的に難しい場合にはどうすればいいのだろうか。さらに、このような小さなプロジェクトでは、そのコスト負担がプロジェクトの実施コストを上回るという本末転倒なことにもなりかねない。

もしドナー側に効果を測ることへの理解が広まり、金銭的負担もドナーが負担してくれるというのであれば、それは一つの解決策となるであろう。また、評価担当者については、こうしたプロジェクトのインパクト評価に興味のある研究者や学生は多いと思われるため、彼らとの協力によって、分析に必要な知識といった技術的コストも引き下げられる。

その一方で、多くの援助活動が長年にわたって数多く実施されてきたにもかかわらず、政府開発援助の世界ですらその重要性に対する認識が低いままにとどまっている背景には、量的な効果を測ることができる場合でも、本当は効果を知りたくないと考える人がいるのではないだろうか。ある人は、効果がないかもしれないと薄々感じているが、投入してきた努力・時間を考えるとそれを認めたくないのかもしれない。またある人は、眠っている有権者（納税者）の目を覚ましてしまい、政府開発援助の予算が少なくなってしまうことを恐れているのかもしれない。いずれにせよ、国際的援助活動に関わるどのアクターも効果を明らかにするインセンティブを持っておらず、うがった見方をすれば、大きな不正がない限りは結果よりも行為そのものに意味を認めよう、と意図せずに無言で結託し合ってきたのが援助活動の実態の一側面だったのではないか。

3　同情と「自立」促進のはざまで

アジア国際協力会を悩ませた一番の問題が、アラムのアジア国際協力会に対する依存であった。NGOという性格上、活動資金の自己資金比率が少ないのは仕方ないとしても、一つの資金源、この場合にはアジア国際協力会のみに、その活動資金の大部分を頼り続けていることが次第に問題視されるようになっていった。アジア国際協力会は、アラムの活動資金の多様化（これをアジア国際協力会は「自立」と考えていた）が重要であると考え、折に触れ他の団体からも支援を受けるよう促していたが「申請してはいるが断られ続けている」という説明であった。

二〇〇四年度で大きな資金を必要とする人工漁礁プロジェクトが一段落ついたこともあって、アラムの自立を促すべく、二〇〇五年度の助成申請時には予算を前年度よりも減らして申請することになった。さらに、二〇〇五年の夏になって大きな転機が訪れた。助成団体から「運営方針の転換に伴い二〇〇五年度で助成団体としての活動を終えることになった」との連絡があったのである。アジア国際協力会内では、新たな助成団体を探すことも含めて検討したが、ひとまずアラムに対する支援を打ち切ること、そしてその後も定期的に現地を訪問してヒアリングを行い、場合によっては新たな助成団体を探すことも検討しよう、ということになった。ただし、この決断はとても難しいものであった。プロジェクトが効果を発揮しないまま消滅するのみならず、最悪の場合にはアラムも消滅してしまうのではないか、という危惧を抱いていたからである。

幸運なことに、プロジェクト終了後の二〇〇六年夏に現地を訪れたところ、新たな支援団体を得ていることが確認された。ある国際援助機関が、二〇〇六年から二年間の予定で募集していた環境保全プロジェクト案件を勝ち取り、アラムはその資金でランプン湾内のマングローブ林保全活動プロジェクトを実施していたのである。

二〇〇六年の時点で、アラムは七人のスタッフを中心に活動していたが、そのうち有給なのはおそらく二人だけであり、無給スタッフの多くはこづかい程度のお金をもらいながら、食事付きで事務所に住み込みで働いている。二〇〇四年には、当時の代表が就任後半年でアラムを去っていった。家族から安定した職業に就くように、という強いプレッシャーを受けて悩んでいたらしい。このように、アラムやそのスタッフの台所事情が苦しい様子はアジア国際協力会にも伝わっており、それが同情として機能していた。もし助成団体が方針を転換しなければ、今でもアラムに対する支援は続いていたかもしれない。そしてアラムは、アジア国際協力会に対する依存から抜け出せずにいたかもしれない。

五　誰が資源を獲得したか？

この小規模プロジェクトでも、多くの援助同様多くの問題が発生した。それでは、この小規模援助プロジェクトの対象者はこのプロジェクトに伴い、新たな資源を獲得できたのであろうか。もしくは少なくとも既存の資源の新しい活用方法を獲得したであろうか。

1　現地NGOにとっては資源となった

まず、四年間と短期的ではあったにせよ、アラムにとって重要な活動資金源であったことは間違いない。アジア国際協力会との協力活動が始まる前の年間予算は、日本インドネシアNGOネットワークの調査（二〇〇一年）を見ると五〇〇〜二〇〇〇万ルピア（六〜二五万円程度）であった。抱えている問題としては経営（給与）やプロジェクト費用が挙げられており、活動資金に困っていた様子がうかがえる。それに対して、アジア国際協力会とのプロジェクトが始まった二〇〇二年以降には、年当たり約一四〇万円（その半分程度がアラムの人件費）のお金が現地NGOの手に渡った。四年間の合計額では五八〇万円に達している。インドネシアの平均年収はよく一二万円程度と言われるが、年収の一〇倍以上のお金を毎年アラムが受け取っていたことを考えると、その金額がいかに大きいものであったかがわかるであろう。

なお、二〇〇六年のヒアリングからは、賃借地であったモデル農園兼共同菜園の土地三ヘクタールを購入していたことがわかり、アラムのその予期せぬ行動に驚かされた。費用は日本円で約四〇万円、すなわち年収三年分に匹敵するほどの金額であったという。援助プロジェクトが実施されていた期間には、たびたび「〇〇を買うお金を何とかしてくれ」とのメールが来ていたことを考えると、そんな大金をアラムが自ら負担したことに驚かされた。アラム代表いわく、「住民が熱心に共同菜園に参加していたため、今後の活動の中心に据えていくことを決めた。費用は蓄えていた資金から支払った」とのこと。四〇万円もの大金を支払った背景には、その何倍かの資金が蓄えられていたことが想像される。この小規模援助プロジェクトが、アラムにとって重要な資金源であったことはここからも確認できよう。

次に挙げられるのは経験である。「四年間のアジア国際協力会との協力活動が評価された結果、国際援助機関のプロジェクトを勝ち取ることができた」とアラムの代表は言っている。この発言からも、四年間のプロジェクトの経験がアラムにとって資源となっていたことが確認できる。そして、その資源がさらなる経験を生み出すというサイクルが生まれれば、アラムはより大きな組織に発展していくことができるであろう。

最後に、これは二点めとも重なる部分があるが、様々な活動をとおしてカワン村のみならず地域一帯から、ＮＧＯとしての（より大きな）信頼・名声を勝ち取ることができたと考えられる。プロジェクトを開始した二〇〇二年以降、現地英字紙にランプン州の環境問題にコメントを求められるアラムの名前が、毎年のように見られるようになったことからもうかがえる。こうしたことから、この小規模援助プロジェクトを通じてアラムが、さまざまな資源（経験や活動資金など）を獲得したことは間違いなかろう。

2　援助は現地住民にとって資源となったか？

カワン村にも技術（栽培技術）や財（人工漁礁、生簀、野菜の種苗など）、土地（モデル農園・共同菜園）が新たに入ってきたのは間違いない。しかし、単に移転して消費されただけに終わったものも少なくない。

野菜栽培については、初年度に配布した種苗は、実がなった後、ほとんど消費されてしまった。また、人工漁礁も運営費が蓄え始められているのは一部のグループだけであり、それも十分な金額ではなく、人工漁礁が壊れたときには修繕されずに捨て置かれて使われなくなる恐

写真４　生簀がうまくいくようにお祈りをしている様子

れがある。生簀も同様であろう。維持コストならびに運営リスクが高い（稚魚がすぐに死んでしまう）ため、アジア国際協力会からの支援がなくなった現在、回転資金が尽きた途端にアラムや住民が手を引いてしまう可能性がある。

一方で、現時点で現地住民にとって持続的・長期的に使用され続ける資源として挙げられるのは、栽培技術と共同菜園（兼モデル農園）である。日本人専門家による農民十数名に対するヒアリングの際に、彼らは剪定技術などによってカカオの収量が飛躍的に増加した、と答えていたが、それはアンケート調査結果でも確認できた。習った技術を実践していると答えた八三世帯中七二世帯が、収量が増えたと答えている。これもどこまでが技術の効果かどうかは厳密にはわからない（たとえば、単に豊作の年だったのかもしれない）が、今後も彼らはその技術を使い続けるだろう。

以上からは、現地にとって維持コストが高いものについては、一時的には新たな資源として活用されたとしても、それを維持し続けようとするインセンティブが働かずに、そのうち使用されなくなる可能性が高いことがわかる。その一方で、栽培技術のように彼らがすでに利用している資源に低コストで容易に組み合わせることができるものは長期的に利用されるであろう。また、共同菜園はアラムがコストを負担しているため、維持・運営にアラムは今後も大きな努力を傾けるであろう。このように、組み合わせの容易さ、参加者（現地ＮＧＯを含む）がコストを負担しており、またコスト負担が長期的に可能なものであることが、援助が現地住民にとって資源となる上での重要なポイントであった。

六　よりよい援助へ向けて

この小規模援助プロジェクトから二つの大きなことを学んだ。まず、限られた援助資源を効率的に活用するためにも、費用面などで課題はあるものの、プロジェクト開始前に村の調査（ベースライン調査）をしておくことが望ましかった。

次に、外部から投入するモノは、既存の資源との組み合わせが容易なもので、なおかつその維持コストが現地住民（もしくは現地ＮＧＯ）にとって負担できる範囲のものとなるように気をつけなければならない。そうでないと、現地住民にとって長期的には資源とならない可能性が高い。そのため、当初から現地にも相応のプロジェクト・コストを負担してもらうような設計を考えておく必要がある。たとえば、現地の負担（可能）額に比例して援助する側も費用を負担するようにしておけば、プロジェクト終了後の維持コストを現地が負担しきれずに使い捨てられる可能性は低くなるであろう。

最後に、様々な援助プロジェクトがこれからも実施されるに違いないが、この章で見たような様々な問題を多くの人がおそらくは経験していくだろう。筆者の経験が、援助活動にこれから参加する人やすでに関わっている人たちにとって、少しでも参考となることを祈ってしめくくりたい。

参考文献

酒井由美子（二〇〇一）、「インドネシア」、重冨真一編著『アジアの国家とＮＧＯ』明石書店

日本インドネシアＮＧＯネットワーク編（二〇〇一）、『インドネシアＮＧＯダイレクトリー市民の開発協力への参加のために』日本インドネシアＮＧＯネットワーク

Easterly, William(2003), "Can Foreign Aid Buy Growth?" *Journal of Economic Perspectives*, Vol.17, No. 3.

Martens, Bertin, Uwe Mummert, Peter Murrell and Paul Seabright (2002), *The Institutional Economics of Foreign Aid*, Cambridge University Press.

＊この報告は、筆者が関与しているＮＧＯの考えを代表しているものではないことを断っておきたい。また、筆者の筆の至らなさにより、この報告が多くの関連団体や人々に思わぬ影響を及ぼす可能性を考慮して、関連団体については仮称で報告することにした。

第五章　援助が生み出す新たな資源

──ベトナムにおける石川プロジェクトの事例

小林　誉明

日本の行う政府開発援助（ＯＤＡ）について、その問題点を指摘する新聞記事などを目にすることが少なくない。もちろんＯＤＡが、政府が行う他の政策と同様、克服すべき様々な問題点を抱えていたとしてもまったく不思議ではない。他方で筆者は、ＯＤＡに実際に携わる人々が骨身を惜しまず真剣に援助に取り組んでいる姿を知っている。「途上国の人たちと同じ船に乗っている」という意識で働いている同僚が身近にいる。援助関係者のこのような努力や姿勢が、時として報われない場合が生じるとしたら、それはなぜだろうか？　この疑問を解くべく筆者は、関係者の努力が援助の成功に結びつくのは、どのような場合なのかを援助の成功事例から学ぶことにした。しかし、その試みはたちまち壁にぶつかることになった。日本の援助における成功の典型事例として、援助関係者の多くが口をそろえて挙げた案件名がベトナムで実施された「石川プロジェクト」であったが、その成功要因や詳細についてまとめた知見がほとんど見当たらなかったのである。みんなが成功例だと認識しているケースですら正面から見ようとされてこなかったという現実を目の当たりにして、援助そのものの問題以前に、援助を〝見る眼〟のほうに問題があることに気づかされたのである。

＊本章の記述内容は筆者が所属する組織の見解を表すものではなく、記述中のありうべき誤りは、筆者のみの責任に帰する。

一　ドナーの眼から見た資源とレシピエントの眼から見た資源

開発援助とは、開発が進んでいる者＝ドナーから、開発の途上にある者＝レシピエントへ、カネ（資金）やモノ（物財）やヒト（技術）などを移転する行為と言える。このような一方通行の移転が行われるのは、開発が進んでいる者＝資源を持てる者、開発の途上にある者＝資源を持たざる者という関係を想定した上で、両者の間に資源の不公正な分配が存在しているということを大前提としている。しかし、援助する側と援助される側とが異なった存在である以上、ドナーとレシピエントの間には最初から大きな視点のズレがある。つまり、誰の眼から見るかによって何が資源となり得るかはそもそも異なるのである。文化的背景などが異なる社会の間で、政府を通じて行われる国家間の開発援助（ＯＤＡ）の場合、このズレはさらに大きなものとなる。

援助する側とされる側との〝資源を見る眼〟のズレは、援助が行われる理由となるであろう。すなわち援助は、ドナーが自国にとって相対的に潤沢な（価値の低い）資源を途上国に援助する一方で、自国にとって相対的に稀少な（価値の高い）資源を途上国から受け取る行為であると理解できるのである。ドナーがレシピエントに供与する援助には、受入れ国においてどのような資源として使われるかをドナーが想像できない方式（財政支援）と、ある程度は想像できる方式（プロジェクト支援）とがある。ドナーは援助の対価としてレシピエントから、石油や稀少鉱物などの天然資源や、国際社会において生き残るための安全保障や名声といった政治的資源を受け取っているものと捉えることが可能である。このようなある種の〝交換〟は、同時代の資源について行われているとは限らず、植民地時代や戦時中における資源収奪への贖罪として、時を超えて過去の〝借り〟を返しているという場合もあろう。いずれにしても、〝資源を見る眼〟が異なるからこそ交換が成り立つのである。

しかし他方で、援助する側とされる側に〝資源を見る眼〟のズレがあるとすると、相手が何を持っているか／持っていないかを互いに正確に把握することはできない。もしもドナーが援助をする際に、途上国がどのような資源を必要としているか、またどのような資源をすでに持っているかといった点を把握できなければ、途上国の資源の増大につながるような援助はできないであろう。実際、援助の受け手の側にとって資源とはなり得ない物財や技術などが援助されてしまうという悲劇は数限りなく見られる（第三章）。援助する側とされる側との〝資源を見る眼〟が異なるという当たり前の事実は、援助が行われる理由になると同時に、援助が失敗する根本的な原因にもなりうるのかもしれない。

このように、他者の立場にとって何が資源かということを〝眼利き〟することはとても難しい作業であるが、自らの足元にあるはずの資源さえも見出すことに失敗してしまうこともありうる。ODAは、援助国が持てる資金や物財などの一部を提供して途上国側がそれを受益するという外形を持つため、ドナーからレシピエントへの一方的な流出として捉えられることが多い。しかし、本書で定義する「資源」のレベルまで下りて援助を捉え直してみると、援助という行為には、援助する側が自らの資源を増やす機会としての一面もあることを理解できる。援助は、その実施プロセスを通じて援助する側・される側に共通の資源を新たに生み出すといった副次的効果を持ち得るのである。世界有数の援助大国である日本も、これまで途上国に供与してきた莫大なODAを通じて、相当の規模の資源を獲得する機会を得てきたと想定できる。しかし、このような援助の〝戻り〟の部分は、資金や物財のように可視化されているわけではないので、〝資源を見る眼〟によって見出されない限りは資源にはなり得ない。もしも、資金や物財等の流れといった表層レベルでの移転だけに見を奪われて、援助を通じて培ってきた資源を保有していることに自らが気づいていないとしたら、それは非常にもったいないことであろう。

本章では、日本による二国間援助の成功例として最も名高い案件の一つである「石川プロジェクト」を例に、援助によって新たに生み出された資源が見出されていった／見出されていかなかった過程について検討していく。JICA（国際協力事業団、現在の国際協力機構）によって実施された同プロジェクトを総括主査として率いたのは、日本における開発経済学の草分け的存在であり、当事から国際的にも高名であった一橋大学の石川滋名誉教授である＊。

＊石川教授は、一九一八年生まれ、東京商科大学を卒業し、経済学博士。現在、一橋大学名誉教授、青山学院大学名誉教授、日本学士院会員。著書としては『中国における資本蓄積機構』『開発経済学の基本問題』『国際開発政策研究』ほか多数。なお、石川プロジェクトには、日越両国の研究者、実施機関や省庁の関係者、コンサルタント等、多数の人たちが関係したが、紙面の制約上、以下のストーリーは石川総括主査に焦点を当てて構成している。

二　伝説のプロジェクト始動

一九九五年は石川にとって転機ともなる一つの重大な決断をした年であった。四月、時の村山富市首相からの直接の依頼により、ベトナムの発展を目指した大規模な開発援助プロジェクトを引き受けることになったのである。これが後に、フェーズ1、2、フォローアップ・フェーズ、フェーズ3と、二〇〇一年まで実に六年の長きにわたって継続され、日本が誇る伝説の二国間援助プロジェクトとして語り継がれることとなる「ベトナム市場経済化支援開発調査（日越共同研究）」、通称「石川プロジェクト」の幕開けであった。

石川はすでにこのとき七七歳、研究の第一線から退き名誉教授となっていた。石川が向かおうとするベトナムは、冷戦終結直後の一九九二年に市場経済化路線へと転換し始めたばかりであり、ベトナム戦争時にボート・ピープルが押し寄せてきたことは当時の日本にとっても記憶に新しく、身近に感じることができるアジアの発展途上国であった。

このようなベトナムへの援助再開を念頭にＪＩＣＡは、一九九三年には石川を座長とする「ベトナム国別援助研究会」を立ち上げていた。一九九五年四月、石川は完成したばかりの研究会最終報告書の骨子を、折りしも来日していたベトナムのド・ムオイ書記長に説明する機会を持つことになる。ベトナム市場経済化支援開発調査への参加要請が石川に来たのは、まさにその直後である。

石川プロジェクトは、石川を団長として開発経済学等を専門とする学者二〇名余りがベトナムに送り込まれ、ベトナム政府の政策立案に影響を与えるという前代未聞の規模と質を誇る「知的支援」となった。発展途上国への国境を越えた援助と言うと、資金や物財が送り込まれるというイメージが強いかもしれないが、開発が進んでいる者＝持てる者と開発の途上にある者＝持たざる者との間のギャップを埋める手段は資金や物財には限らず、人材の投入を通じて技術や知識を伝播することによって開発に寄与する援助のスタイル（技術支援）もあるのである。

私たちのような先進国に住む人間が途上国の開発に関わろうと思ったときに、その関わり方は様々あるが、ＮＧＯのメンバーや青年海外協力隊の隊員として、途上国に住む一般の人々に直接的に働きかけることがまず思い起こされるであろう。しかし、発展途上国の政府の関係者に対して、開発に必要な知識や技術を伝えるという形での技術支援もあり得、これを知的支援あるいは政策支援と呼ぶ。一見すると遠回りのアプローチにも見えるが、その国の開発の成否にもたらすインパクトは大きい。なぜなら、途上国の政府が自国の開発のための道筋を適切に定めることができなければ、せっかくの人々の努力も無駄になってしまうからである。

ベトナムにおいて国の開発の道筋を決めるものは「国家開発五カ年計画」と呼ばれる文書であった。石川らはまさにこの五カ年計画の策定過程に関与し、政策アドバイザーとしての役割を担ったのである。石川自身は、フィールドとして中国に造詣が深かったが、中国とベトナムとが同じ社会主義国という共通点があるのみで、ベトナムの専門家というわけではなかった。他の研究者たちもベトナムという地域の現実については素人同然であり、財政、金融、税制、マクロ経済、農業、貿易、産業……といった学問分野ごとのエキスパートであった。石川プロジェクトはいわば、学者たちそれぞれがこれまで学問の場において培ってきた途上国開発に役立つ知的資源を提供する形で遂行されたのである。

このような包括的な知的支援は、日本にとっては初めてのケースであり、ＪＩＣＡの中にも実施のための制度的枠組みが存在していない中で、「開発調査」という枠組みを活用して行われた。石川プロジェクトを台風の目として、現地日本大使館、外務省、財務省、ＯＥＣＦ（海外経済協力基金、現ＪＢＩＣ）、アジア経済研究所、ＪＥＴＲＯ等の各機関を巻き込みながら「オール・ジャパン」でのベトナム支援の体制が構築されていった。日本側援助関係者たちは、ベトナム・ブームという追い風が吹く中で、ベトナムへの支援によって〝対アジア援助の卒業論文〟を書くのだという気概を持って仕事を進めていった。

三　埋まらない溝

ベトナム側が求めていることが何なのか、自分たちにできることが何なのかがわからない中で、プロジェクトは当初、手探りで進めていくしかなかった。当時ベトナムは、社会主義計画経済から市場経済化に乗り出そうとし始めた直後であり、急速な工業化を推し進めようとしていた。人口の八割が農村に住んでいるベトナムにおいては、農業の発展抜きにしては長期的経済発展は見込めないことは明白であったが、ベトナム政府は、策定中の五カ年計画において重化学工業重視の工業化戦略を打ち出そうとしていた。

当時のベトナムの経済状況を見て、石川ら日本側アドバイザーの頭に真っ先に浮かんだのは、自分たちが幼少の頃のかつての日本の姿であった。決して遠くない過去、自らの、また親の世代の経験が目の前のベトナムの現状に重ね合わせて見えた。石川らは、ベトナム側が出してきた素案を見て即座に問題を感じた。ベトナムの打ち出そうとしている計画は、開発経済学のセオリーから言っても、またつい最近までベトナム同様の農業中心の発展途上国であった日本の開発経験からしても、無謀であることは明白であった。この計画のまま重化学重視の工業化を推し進めれば、どれほど稀少な資源を浪費しどのような皺寄せが及ぶだろうか。石川らは全身全霊を傾けて、その無謀さについて具体的な数値を示して、書記長をはじめとするベトナム政府首脳に説明した。

しかし、石川らの意図はなかなか伝わらなかった。ベトナム財務省の高官からは、「双方の考え方に隔たりが大きい。ベトナム側には日本側の発想の全体的な意図が不明である。日本の一部の意見には、ベトナム国の現状を反映していないものもある。日本、東アジアの経験だけでなく、直接的にベトナム国の現状を前提とした解決方法について述べてほしい」と不満がぶつけられたこともある。それに対して石川は、「ベトナム国の現状については、日本側の知らないことは非常に多く、五カ年計画の主要な問題についての日本や近隣諸国の経験に基づく所見を述べるのが一番役立つだろうと考えてきた」と返答するのが精いっぱいであった。日本の開発経験という石川らの知見がベトナム側に伝わり、ベトナムにとっても有益な資源となるためには、まだ足りないパーツがあったのだ。

ベトナムの発展のために尽くそうという石川らの意図が伝わらなかったのは、ベトナム政府に対してだけではない。日本政府に向けてプロジェクトの説明をしている際、日本の農水省から「日本に対する輸出振興、日本をターゲットにした輸出振興ということで研究が進みますと、これは日本の中の生産者の振興というものとの整合性、そういうものが出てまいりますので、その辺を一つ慎重にやっていただきたい」と指摘を受け、援助プロジェクトが母国の国益とは切り離しては成り立たないことを痛感させられた。

日本の公共政策の一つとしての援助は、他の政策と同様、審議会や委員会等を通じて関係省庁間で十分にすり合わせ、全体の整合性をとった上で策定されるものであるため、プロジェクトの実施者が自由に動き回れる余地は、通常は非常に小さいものである。しかし石川プロジェクトは、そのような国内での手続きを飛ばして実施されたのであった。実際、日本政府(外務省)は、石川プロジェクトは日本政府の意思とは無関係な純粋な学問的プロジェクトである、という立場を対外的に貫き続けた。日本政府の他の省庁から水を差されることになったのは、このような事情によるのである。しかし、もしも事前に日本の内部ですり合わせが行われ、各省の意見が反映されていたとしたら、石川プロジェクトはずっと玉虫色のものとなっていた可能性がある。日本の国益（もしくは省益）からは切り離されていたことが、プロジェクトにとって幸いしたとも言える。

四 一つの国に長期間コミットすることの凄さ

日本側とベトナム側との間で矢面に立つことが多い石川であったが、決して諦めることなく、ベトナム人とともに開発のシナリオをつくっていくのだという一貫した姿勢を貫き、研究プロジェクトを進めていった。石川には、知的支援においては、研究報告書などの成果物そのものではなく、カウンターパートとの協議を通じ双方の理解を深めていくプロセスそのものが重要であるという信念があった。「日本側が一方的に進むべき道をつけるものではなく、ベトナム側がつくるのを単に手伝うのでもなく、重要なのは双方が協議し、政策の方向を策定していく作業が大事」と石川は言う。すなわち援助といっても、決して援助する側がされる側に対して一方的に資金や物財を移転するのではなく、共同研究によってベトナムが持っている現場の知識を日本側アドバイザーが吸収すると同時に、日本側が保有している開発経済学等の知見をベトナム側が吸収するという双方向のやり取りを目指していたのである。日本人アドバイザーには開発経済学などの専門知識について一日の長があるが、ベトナムのことはベトナム人自身が一番知っている、そして、何が正解なのかについては実は誰もわかっていない、ということを前提として共同研究を進めていった。石川らは、自らの持つ知識をむやみに振りかざすことはなかった。一見無色透明で客観的なものに見える学問的な知識も出自があり、日本の経験に基づいた知識が、そのままベトナムにおいても有効とは限らないことを承知していたのである。途上国に不足しているものに着目するのではなく、持っているものに着目するとともに、援助する側である自分たちが持っているもの／持っていないものにも着目しようというアプローチと言えよう。このような信念の下、ド・ムオイ書記長と同世代の石川が、日本との間を何十回も往復し、農村を回っている姿は、ベトナムの人々の心を動かしていった。

共同研究が深まるにつれて、両国の研究者同士が近代経済学の用語を用いて政策を論議していくことが可能になるなど、様々な成果が現れ始めた。共同研究への参画を通じてベトナム側参加者の当事者意識が醸成されていき、日越の間に当初横たわっていた溝は徐々に、そして着実に縮まっていった。こうしてベトナムの開発という目標を共有する一つのプロジェクト・チームが形成されていくわけだが、このような変化は偶然に起こったものではない。共同研究の進め方そのものに工夫を凝らしていたのである。たとえば、研究作業の結果を日越双方の共同責任とすることや、日越双方の研究スタッフは、役所をとおさずに直接コンタクトをとることができる、といったルールを設けることなどが、石川とベトナム側研究総括主査との間でプロジェクト開始時点から綿密にデザインされていたのである。しかし、共

写真1　ベトナムの書記長（右端）と会談する石川教授（右から2人目）

同研究のあり方に何も問題がなかったわけではない。ベトナム側の共同研究者の一部には、研究委託契約の報酬に動機づけられて参加している者もおり、共同研究が純粋な問題意識の共有だけで成り立ったとは言えない事情がある。

途上国の半永続的に続く開発のプロセスの中で、一つのプロジェクトを通じて外部のドナーが関与する期間はほんの一瞬に過ぎない。しかし、石川らは人間の一生において決して短くはない六年という時間をベトナムの発展に費やした。これは技術協力としては異例の長さであるが、償還まで最長で四〇年もの年月をかけて行われる有償資金協力もまた、途上国に対する長期のコミットを必然的に伴う援助の形態であり、日本はこのような長期のアプローチを得意としてきたと言える。長期にわたる働きかけを続けた努力の成果は徐々に現れ始めてくる。第六次五カ年計画には、石川らが提案していた、成長率を高めることへの慎重な姿勢と、農業の充実が大切という点が実際に盛り込まれるようになったのである。この提言の適切さは、この時点では誰も知る由がない一年後に訪れるアジア通貨危機によって証明されることになる。後にレ・カ・フュー書記長は、農業重視の主張を五カ年計画に盛り込んだことについて、「あれがなかったらアジア通貨危機によって、もっと深刻な経済危機に直面していた」と述懐している。

五　ライバルは国際機関？

一九九七年にアジアを覆ったアジア通貨危機は、ベトナムにおいても各国による援助のあり方を一変させた。一九九八年には、世界銀行（以下、世銀）とＩＭＦは、開発の目的を貧困削減に設定する新たな戦略を打ち出し、二〇〇〇年の国連ミレニアムサミットにおいて、貧困削減を中心とした「ミレニアム開発目標」という新たな目標が国際社会共通のアジェンダとして掲げられることになった。「貧困削減文書（ＰＲＳＰ）」という文書の策定を重債務・貧困国に対して課すという国際的な援助潮流は、ベトナムにも波及してきたのである。

社会セクターにおける基礎サービスへの投入の拡充に重点を置く世銀等の国際機関の指向は、成長を促進することによって貧困削減を達成するという日本の指向とは対照的なものとなった。開発のあり方そのもののみならず、途上国に対するアプローチの仕方も、国際機関と日本とでは大きな隔たりがあった。国際機関の側は、ある種の普遍的なモデルの存在を前提としてベトナムに政策を指示してきたのに対して、石川らは、途上国は国ごとに異なる状況を持つという前提に立ち、ベトナムの状況に合致した独自のシナリオを描こうとした。そのためには、ベトナム経済の実態に関する地道な調査や実証研究が不可欠であったことは言うまでもない。

こうした調査研究成果を下に、石川らの共同研究チームは、ベトナム政府に対して政策提言を行った。その際、「こうしなさい」という提言ではなく、あくまで政策の選択肢を示すというスタイルをとった。世銀は、一つの被援助国に対してドナー各国の示す政策提言がそれぞれ違うのは望ましくないと考えていたが、石川らは、どの政策提言を選ぶかはその政府の問題であって、各ドナーの政策提言を一本化することが必ずしもよいこととは考えていなかった。世銀・IMFや国連（UNDP）が画一的な援助体制の下に、ある種のメインストリームの開発戦略をベトナム側に提示する中で、日本がそれとはまったく異なる援助の仕方で異なる開発戦略を提示したことは、それ自体、セカンド・オピニオンとしての役割を果たしたと言えよう。

実際にベトナムはその後、日本や世銀を含む複数のドナーからの援助を使い分けるようになり、援助の〝市場〟におけるしたたかな〝買い手〟として、自らの政策資源を有効に活用するようになっていった。多くの国から同時に支援を受け取ることによって各ドナーを競わせ、自らの国の発展に必要な援助を複数の国から選択的に受け取ることに成功している。

六　進化するプロジェクトとその波及

石川らの共同研究の相手方は当初、ベトナムの開発計画策定や援助受入等を一手に引き受ける強力な省庁である計画投資省（ＭＰＩ）の官僚とされた。研究者ではなく実務者であったことから、共同研究の相手方としてはふさわしくないのではないかという懸念も途中で噴出したが、各省庁を取りまとめるスーパー省庁として位置づけられているばかりか共産党に近く、政策決定の要となる機関をカウンターパートとしたことは、多数省庁が関係する開発政策への影響力において決定的に重要な意味を持ったと考えられる。

スーパー省庁を相手としたことによって、新たな壁も生まれてしまった。それは、本当に協力しなければならない相手は各分野ごとの現場を司るライン省庁であるにもかかわらず、計画投資省を飛び越えて接触すれば同省にとっては不愉快なものとして受け止められてしまうため、なかなか本来の現場に近づくことができなかった点である。しかし、地道な支援を積み重ねることによってベトナム側から信頼を得るに従い、徐々にそれぞれの分野の最前線で働く人が共同研究に参加するように変わっていった。

石川プロジェクトは二〇〇一年に幕を閉じるが、その六年間の成果は第七次五カ年計画および一〇カ年戦略に反映され、さらには世銀が策定していた貧困削減戦略文書にも影響を与えていった。石川プロジェクトに関わった研究者のうち、ある者はその後もベトナムにとどまり新たな日越共同プロジェクトを発足させ、ある者はラオス等において、同様の知的支援プロジェクトの責任者となっていった。また、石川プロジェクトを通じて醸成された人的ネットワークや知見を政策資源として、日本からはＪＢＩＣによる円借款をはじめとした次なる援助が繰り出されていった。

七　記録ではなく記憶に残る援助

このように石川プロジェクトは、人材投入規模の面からも、期間の長さからも、及ぼした波及効果の大きさからも、異例の援助プロジェクトであった。しかしその成果について、日本国内において必ずしも正当に評価されているとは言い難い。それは現行の援助評価の仕組みにおいては、選択肢を提示する形での政策提言がもたらした効果を測ることができないからである。そもそも政策の押し売りをするのが目的ではなく、あくまで選択肢の提示をすることに意義を持っていた石川プロジェクトにおいては、提言が実際に使われたかどうかということを援助の目的とはしていない。

しかし、総勢二〇人からなる日本人研究者とベトナム人専門家とが、国際機関をも巻き込みながら長期にわたって行った共同研究型の援助プロジェクトは、ベトナム人の記憶に強く残った。また、石川プロジェクトをめぐって構築された日本との人的なネットワークもベトナム側に残り続けた。当時、計画投資省の次官を務め、日本側のカウンターパートであったフック氏は、現在の大臣である。

石川プロジェクトの事例は、このような長期間にわたる援助のプロセスにおける、援助する側とされる側の相互作用の中で新たに生まれる資源――これを「共有資源」と呼んでもよいであろう――もあることを教えてくれている。援助資金や物財の移転の収支を見るだけでなく、資源のレベルで考えることで初めて、帳簿に現れない新たな共有資源の生成を捉えることができる。援助の効果をどのように測るかは、まさに〝資源を見る眼〟に依存するのである。目下のところ、知的支援のような援助のもたらす効果を評価する仕組みが存在しないが、援助の成果をトータルで見る視点があってもよいのではないだろうか。なおこのような共有資源は、使っても枯渇しない資源であり、むしろ使えば使うだけ、両国の安全保障の強化や経済交流の活性化につながっていく可能性はあるだろう。

石川プロジェクトの事例はまた、援助する側がもともと保有していた資源も影響を受けて変化していくことを教えてくれている。ベトナムへの援助において得た経験は、ベトナム側だけでなく、石川らドナーの側にも資源として蓄積されていった。ベトナムへの援助を行うことによってドナーである日本もまた、援助の経験や国際的な名声を得、次なる援助のための資源を得ることができたと言える。石川プロジェクトによってベトナムとの間で構築された関係があったからこそ、世銀との〝競争〟を互角に戦うことができたのである。また、後に別の国において石川プロジェクトをモデルとした政策支援型援助を実施することができたのは、石川プロジェクトに参加した研究者たちに蓄積された知的資源の賜物である。このような知的資源の〝再利用〟は、研究者のみならず援助実務者によっても行われている。部署の異動が激しい日本の援助機関において、ある国の援助に一年から三年携わってはまた別の国の担当となる援助実務者は、ある国の開発という意味では一瞬の関与しかできないが、そこで得た経験を、時代を超えて国を超えて活用していっているのである。

八　援助資源大国ニッポン

石川プロジェクトに見られたような、途上国と同じ目線に立って長期的な援助を行うという姿勢は、石川プロジェクトのみに固有の特徴と言うよりは、日本の援助に共通に見られる特徴である。そうであるとすれば日本は、援助を通じて新たにつくり上げた資源をベトナムに限らず多くの途上国との間で共有しているはずである。このような可視化されない資源の保有量について、ＯＤＡの帳簿の上に載らないがゆえに実際よりも過少に見積もってしまっている可能性がある。

しかし、資源は見出されなければ宝の持ち腐れとなる。資源の中でも天然資源の場合は消費されない限り保全され続けるが、知的資源の場合は消費されなければかえって消滅していってしまう。経験に基づく知識が国を越えて移転するのは、資金や物財等に比べて容易ではないが、ひとたび定着さえすれば、使われれば使われるほど増殖する性質の資源なのである。途上国の人々にとってよりよい援助を行うためには、援助の効率を上げるだけでなく、援助する側が自らの持てる資源の量を意識し把握していることが必要ではないだろうか。日本には、そこに見出そうと思えば見出すことができる多くの資源がまだ眠っているように思える。それは、政策当局者の〝資源を見る眼〟次第であろう。

援助プロジェクトに携わった個人の中に蓄積された資源は、その個人の力量によってしばしば再利用されることがある。しかし、それらが果たして組織的な資源となって蓄積されているかというとはなはだ心もとない。援助実施機関において、一定の時間が経過した行政文書が次々と処分されている事実は、資源の消滅に拍車をかけている。石川プロジェクトのような貴重な経験も、集団の記憶としては残らず、もはや過去の伝説としてその名がたびたび取り上げられる程度である。せっかく創出された資源を〝固定化〟するための政策的な取組みが欠如しているがゆえに、みすみす資源が消えていっているのである。

日本がＯＤＡを開始して五十余年、無償資金協力、有償資金協力、技術協力の機能が新ＪＩＣＡの下に統合される一大転機となる二〇〇八年一〇月を目前に控えた現在、ドナーとしての日本の貴重な知的資源の保全と拡大について、早急な対策が必要であろう。なぜ早急に必要かと言えば、知的資源という観点から捉えた場合、日本の援助を支えてきた経験知が著しく低下することが予想されるからである。これまでは、自らの国の開発経験がある石川らの世代や、開発の記憶が残っている世代が、その実体験をもとにして他の国で援助を実施してきた。つまり、開発者が援助者として活躍してきたのだ。しかし、日本が発展をして数十年経過した今、発展途上の時代の記憶すらない世代が、他の国の開発に対する援助を行わざるを得ない時代になっている。日本の開発に関する経験に加え、援助に関する経験の体系的な記録が必要なのではないだろうか。それは、成功体験だけである必要はなく、失敗事例の検証も含めて行うべきである。そして、それこそが日本の開発援助における知的資源となるであろう。

参考文献

石川滋（二〇〇六）、『国際開発政策研究』東洋経済新報社
石川滋・原洋之介編（一九九九）、『ヴィエトナムの市場経済化』東洋経済新報社
桂井太郎・小林誉明（二〇〇六）、「国際援助システムのグローバリゼーションと日本の役割―石川プロジェクトを事例として―」、国際協力銀行開発金融研究所『グローバリゼーション下のアジアと日本の役割研究会報告書』ＪＢＩＣ
日越共同研究日本側アカデミック・グループ・国際協力事業団（二〇〇二）、『「日越共同研究の自己評価」中間報告』ＪＩＣＡ
一橋大学経済研究所資料室所蔵「ヴェトナム市場経済化支援開発政策調査」関係資料（http://www.ier.hit-u.ac.jp/library/Japanese/collections/vietnam.html）

第六章　灌漑用水の慣行に習う

――「稀少化」した資源の分配メカニズム

杉浦　未希子

「資源の分配」は、私たちにとってどのようなことを意味するのだろうか。人口増加とともに食料や化石燃料の消費はますます増えることだろう。その中で「資源を分配」することは、私たちに事の深刻さや重さを感じさせざるを得ない。しかし、「資源の分配」は決して新たな試練でも未踏の問題でもなく、昔から私たちの周りに存在してきた。

この章では、米づくりをする日本と切っても切れない「灌漑用水」に焦点を当て、その分配をめぐる人々の過去の知見を少し覗いてみよう。少し見方を変えるだけで、昔から人々が工夫を凝らして「資源の分配」という局面に辛抱強く対処してきたことがわかるはずである。資源の分配を身近に具体的に感じることで、これからの地球や未来における資源の分配に対して新たな見方を持ってもらいたい。できればそれが明るく前向きなものであってほしい。それがこの章の大きな目的である。

一　灌漑用水という水資源

「あんたらよりもっともっと若くて小さいとき、田んぼの水を見てろと言われて暑い中をじっと見張っていたら、大きなおとながやってきて自分を張り飛ばして、自分のすぐそばの畦を崩して水を盗っていった。何が起きたのかよくわからずしばらく起きられなかったなぁ」

（二〇〇三年九月一七日、濱島辰雄氏からの聞き取りより）

これは、「愛知用水の産みの親」であり、当時の農民から「神様」と呼ばれていた農学技術者の濱島辰雄氏が、愛知用水通水前の干ばつ時の状況を筆者らに体験談として語ったものである。大のおとなが自分よりはるかに小さな子どもを迷いもなく張り倒すほど、いったん渇水ともなると灌漑用水は稀少だった。かつてこの地域の干ばつは深刻で、田全体に流す水量がないために、やかんで一本一本の稲に水をやるほどだったという。彼は、前記のような幼小期の経験や、実際に農民が枯死寸前の稲にやかんで灌水している姿を目撃して、「これではいかん」と愛知用水の建設に乗り出す。ため池で有名な香川県でも同じような状況は頻繁に見られ、愛知の例と同様に一本一本の稲に土瓶で水をやる「土瓶水」と呼ばれた灌水方法、線香で配水時間を計り順番に水を回していく方法（「線香水」）、また一つの時計を次から次へと引き渡していくことで同じく時間を厳守させる方法（「時計水」）など、様々な工夫があった。

戦後に、世界銀行の一部融資で建設された愛知用水や水源地徳島県との交渉の末に完成に至った香川用水など、大型灌漑施設が建設されて以降は少なくなったものの、このような渇水状況が決して皆無になったわけではない。たとえば、一九九四（平成六）年の渇水は一〇二年に一回の大干ばつで、その際「走り水」や「かけ流し」と呼ばれる節水灌漑（文字通り水を走らせて田んぼを湿らすだけで終わらせる方法）が復活した。近年、灌漑用水を含む農業用水一般が水余りを指摘される中、渇水やそれに伴う水の奪い合いを通じて灌漑用水の稀少性を実感することはきわめて少なくなった。しかし、その本質はあくまでも「我田引水」（「自分の田にだけ水を引く意から」自分に都合のよいように説明したり、物事を運んだりすること。〔三省堂『大辞林』第二版〕）の語源となった「奪い合う対象としての稀少な水」にある。水の稀少化が非常時に限られなかった時代、どのような分配メカニズムで人々は水を分け合っていたのか。また、その分配は人々や地域社会にどのような意味を持っていたのか。灌漑用水を「資源」として見ると、一見つながりがないような現象が、実は深い背景を共有していたり、そもそも表層に現れていなかったものが見えるようになったりする。分配メカニズムから現代においても通用する何らかの発見があるはずだ。

二　新潟県佐渡市旧上横山村の例に見る「分配」のあり方

1　稀少性を扱う知恵としての「分配」

ここで一つの例を見てみよう。そもそも、田んぼを営むためには水は不可欠だが、その水の取り方として雨水などの天水に依存する場合と、灌漑施設などの人工物を建設して導水する場合の二つに大きく分かれる。天水農業が行われている東南アジアの各地で、収量安定のために灌漑農業が増加する傾向がある。灌漑農業は、さらに川から水を引くか（河川灌漑）、ため池に川水や天水をためて使うか（ため池灌漑）、地下水から汲み上げて使うか（地下水利用）の三つに分けられる。ここでは灌漑農業で河川灌漑の例として、佐渡島の上横山という地区を取り上げる。この地区の灌漑用水は水田が開かれた中世室町末期にまでさかのぼり、慶長年間に整理拡張されて現状に近くなった。竹の管であったり素掘りであったりU字溝であったり、と姿は変えつつも用水路は今も変わらず水を運び続ける。

佐渡の稲作は、小河川や渓流に水源を依存しているため、代《しろ》かき（田植え前の田おこし）のような大量の水需要に対応するのが難しく、よい天気が一週間続くと干上がってしまう。そのため、それに対応するような水の扱い方が長い時間をかけて定着していった。その知恵は、①具体的に他の上下流地区とどうやって水を分け合うか（分水）、②同地区内でどうやって水を分けるのか（配水）、③灌漑用水を管理するのにかかる費用（水利費）をどうやって負担し合うかといった慣習に結実して、その一部が現在も残り継続している。用水が維持管理されてきた長い歴史は、用水路の存続のみならず、それを維持管理してきた人々の歴史でもある。

2　灌漑用水を分配する三つの方法

この地区での灌漑用水の分配方法をキーワードで表現すると、三つに凝縮される。その三つとは、一つに「施設」（インフラ）、二つに「時間」、三つに「制度」である。そして、この三つのやり方を可能にする背景として地域社会（ムラ）の存在が不可欠となる。

一つめの「施設」とは分水堰のことで、場所は取水源である長江川から上江用水（旧上横山村を流れる）が分水する地点（「一の関」）、上江を大江・中江・立野江の三水路に分水する地点（「三ッ江」**写真1**参照）、さらに大江・中江を上横山・下横山・定江（井上源重の特権的な江）・中江に分水する地点（「分水口」**写真2**参照）に主だって存在する（このうち、三ッ江で分かれた立野江は、なんとさらに伴蔵江・助右ェ門江・西田江・新兵衛江・寺江・広満江・三瀬川江の七つにそのあと分水する）。三ッ江の写真からわかるように、可能な限り公平な分配をするために、水面を平らにする二段ほどの「水ならし」があり、そのあと一八四五（弘化二）年の話し合いで決まった灌漑反別（どのくらいの広さの田んぼを耕しているか）を厳格に反映した一センチ単位の仕切りで分けられる*。三ツ江の起源は古く開鑿《かいさく》当時にまでさかのぼるが、分水口はその後三〇〇年以上も続く下流の下横山との利益調整を目的に二〇〇七（平成一九）年につくられたものだ。分配する手段としての施設（インフラ）が現代では重要である証と言える。インフラは「技術の副次性」をとおして目に見えない影響をもたらすが、それについては他章を参照してほしい。

写真１ 「三ツ江」と呼ばれる分水施設　下流から

写真２ 「分水口」と呼ばれる分水

＊三ツ江では立野江八七センチ、大江と中江一六九プラス四四センチで幅合計三〇〇センチ、分水口では、定江六・五センチ、下横山四六センチ、上横山九六・五センチ、中江四四センチで幅合計一九三センチ（いずれも仕切りの幅は除く）と仕切られ、この分配比率は現在でも守られている。

二つめの「時間」とは、同地区で行われている番水（少ない水を効率的に回すシステム）を指す。今でもこの地区では、同地区を四ブロックに分け（上壱・下壱・ウツブキ・ニバヤシ）、下流地区の下横山と水の融通をし合う。灌漑用水は古田優先、上流先取だから古くから耕してきた人や上流の人が有利である。その意味で、上横山は下流の下横山などに比べたら水を得やすいのだが、水の融通はその下流の人々も加えて行う。番水のシステムは、上横山での田植え後でかつ下横山から番水の申し出がなされることによって始まり、下横山一二時間、上壱六時間、下壱六時間、ウツブキ六時間、ニバヤシ六時間とブロックごとに水を回していく。その切り替え時には、下横山の人々が分水地点に里山から折り採った枝を挿し「今は自分の番だから水を取るなよ」と他のブロックの人に示す（枝挿し慣行、**写真3**参照）。昔は日の出日の入りが目安となっていたようだが、現代では時計を利用してより正確に把握されている。興味深いのは、彼らは上流下流で水をめぐって争いを繰り返しながらも、一本の灌漑用水を時間で区切ることで上手に共有してきた点である。用水施設がつくられた一六〇〇年代前後には同じ場所に二本以上の施設をつくる経済的余裕も人員も不足していたのが直接の理由ではあるが、それが四〇〇年以上も「時間」と「施設」を分け合うことで水をうまく分け続けてきた点は注目に値する。もっとも、二〇〇八（平成二〇）年

写真３　枝挿し慣行（矢印部分の枝約 30 センチ）

にはパイプライン化事業の完成で下横山と上横山には常時一対二の水が流れることになり、前記の慣行も「時間」で一つの資源を共有する工夫も見られなくなることだろう。

三つめの「制度」とは、全国的に見ても独特の番水株売買というものである。二つめに挙げた「時間」による分配システムも、広い意味で制度と言えるかもしれないが、ここではあえて別に扱う。前記二点が現代においても継続されているのとは対照的に、この売買制度は上横山で一九七一（昭和四六）年の圃場整備まで、下横山では一九三五（昭和一〇）年の耕地整理まで行われていたが現在は継続されていない。慣行が終わった理由については諸説あるが、「圃場整備等で水がたくさんくるようになった」（現地での聞き取りから）のが大きな背景となったことは間違いない。水利権は土地（水田）所有権と結びつきが強いが、ここでは土地とのつながりから切り離されて個人個人が水利権を保持し、それを水の過不足に対応して売買していた歴史を持つ。土地を売ったから水がついてくる、ではなく、土地を買ってもそれとは別に水がついてくるかどうかは別途交渉が必要であった。それらの取引を行った証文からどの地区（上壱・下壱・ウツブキ・ニバヤシ）の何番めの水か、がわかる仕組みになっている。たとえば、一九〇一（明治三四）年二月二三日に「田地用水権売買証　佐渡郡長江村大字上横山大江筋　ウツブキ水及貳番衆水ノ内　一用水頭水ノ内三度目ニ壱度宛　此売渡代金四拾圓也（以下略）」という契約書が伊藤玉蔵氏と井上勇蔵氏の間で交わされ、伊藤氏から井上氏に該当水利権が四〇円（現在の六万円ほど）で売り渡されている。遠方に住んでいて、水がついているのかわからない相川の商人に水をつけずに土地だけ売って、売主は水の権利を留保しながら小作として耕作を続けることもあったという。最終的には水の不足しがちな上壱の地区に権利が買い集められる傾向があり、このような売買で同地区の水の稀少性がある程度緩和されたことは事実だろう。

三　「公正」を担保するシステム

1　「公正」とは何か

この事例から、稀少化した資源の分配方法として、施設・時間・制度が重要な役割を果たすことがわかり興味深い。このようなシステムが開鑿以来、四〇〇年もの時間をかけて培われてきた一方で、その長い時間継続してきた事実とは裏腹に、分水堰の仕切り幅や番水の回し方をめぐり執拗とまで言うべき争いが繰り返されてきたことは見逃せない。たとえば、三ツ江での分け方をめぐり、「自分たちの水路筋は高いところになっていて水がきちんと分けられていない」と一八一八（文政元）年に立野側が文句を言っているし、干ばつ時には関係する五つの村の代表者が水の流れ具合を見分《けんぶん》するべし、との合意がなされている。一九〇九（明治四二）年には検分後の酒の場で、誰が上座に座るかどうかをめぐり村の代表者による席争いが起きていて、取り分に影響する非常に生々しい力関係が垣間見られる。二一世紀に入っても、三ツ江での分水に下横山が不満を持ち続けていることに配慮して、その下流に新たに分水口を設けた（写真2）。稀少化する資源であればあるほど、その分配システムは争いを伴う。この事例では、争いがあるからこそ「話し合い」という合議や共同管理のシステムができ、熟成され、そして継続してきた。「公正」さとは、単に平等に割り振るのではなく「お互いが納得できるプロセスを持つこと」を意味するのではないだろうか。

具体的な「公正」の対象は、「量」であり「順番」だ。分水堰が「量」を灌漑反別に比例して分配することを目的とし、時間で区切った番水は「量」も当然ながらむしろ「いつ」「どのような順番で回すか」という「順番」を重視したシステムである。番水株売買は、そのような「量」と「順番」を売買する、というユニークなシステムである。

分配の局面で「効率性」がさほど重視されていないことも興味深い。たとえば、番水株売買は、上壱在住者が田んぼを上壱と下壱の両方に持っている場合、入手した番水株の範囲内でその水を分散する自己所有のどの田に回すかは自由裁量とした。すなわち、効率的ではないにもかかわらず、わざわざブロックを越境して水を引くこと（越境水）が前提であったのだ。越境水を行うと、途中の用水路で漏水したり他人の田を媒介して（田おこし灌漑）盗水の危険もあったり、と水量が失われるリスクは大きくなるはずだが、ここでは他の事由、たとえば二当事者間での合意やそれによって水の不足している場所へ水を移動させることのほうが優先された。「水量を確保するための効率性こそが営農には重要だ」というのは、経済生産の側面に偏った一方的な見方なのかもしれない。

2　「公正」の担保に見出される二つの要素

さて、ここで灌漑用水の「公正」な分配方法にどのような要素が不可欠だったのか考えてみる（図1）。施設・時間・制度という資源分配の方法のうち、前二者が時を超えて現在まで継続し、残りの一者が一九六五（昭和四〇）年代という最近まで継続したのは、これらの方法が何らかの形で「お互いが納得できるプロセスを持つ」という公正さを支えてきたからだと考えられる。その「納得できるプロセス」を担保した分配方法において重要だった要素は何なのか。ここで指摘したいのは二要素、すなわち一つには地域社会の存在、二つには、そのようなコモンズ要因と並ぶと不思議な感じがするが、「交換」などの原始的な経済活動である。

地域社会の存在は、比較的理解がしやすい。分水堰を設けても番水システムをつくっても、それを守り監視し合うメカニズムなしにはルールは守られない。前述した枝挿し慣行も、その枝は里山という共同利用の山から折られたものが利用されており、地域社会の存在の不可欠さを示している。この地区には、新潟県越後平野における大地主と小作人の格差ほど貧富の差がなく比較的同質で、また江戸幕府直轄地であったことから「個」対「為政者」という構図がシンプルであった。現在も各農戸に蔵が残り、独立気風の伝統を示している。そのような構成員によって構成されるムラは、用水の共同利用を支える重要な土台であった。

それと共存する形で、番水株売買という経済活動が分配システムとして機能していたのは大変興味深い事実である。通常は、経済活動によって地域社会のセーフティーネットが失われ、裸の個人が創出される、と指摘される。それによって資源の分配に関する公正さが損なわれると理解するのが通常であろう。しかし、この事例においては両者が共存し得た。なぜだろう。

その答えには様々なものがありうるが、考えられる一つの仮説としては、地域社会と経済活動が水利用をめぐって相互補完的に公正さを担保してきたからではないか、というものだ。つまり、「お互いが納得できるプロセス」の一つ

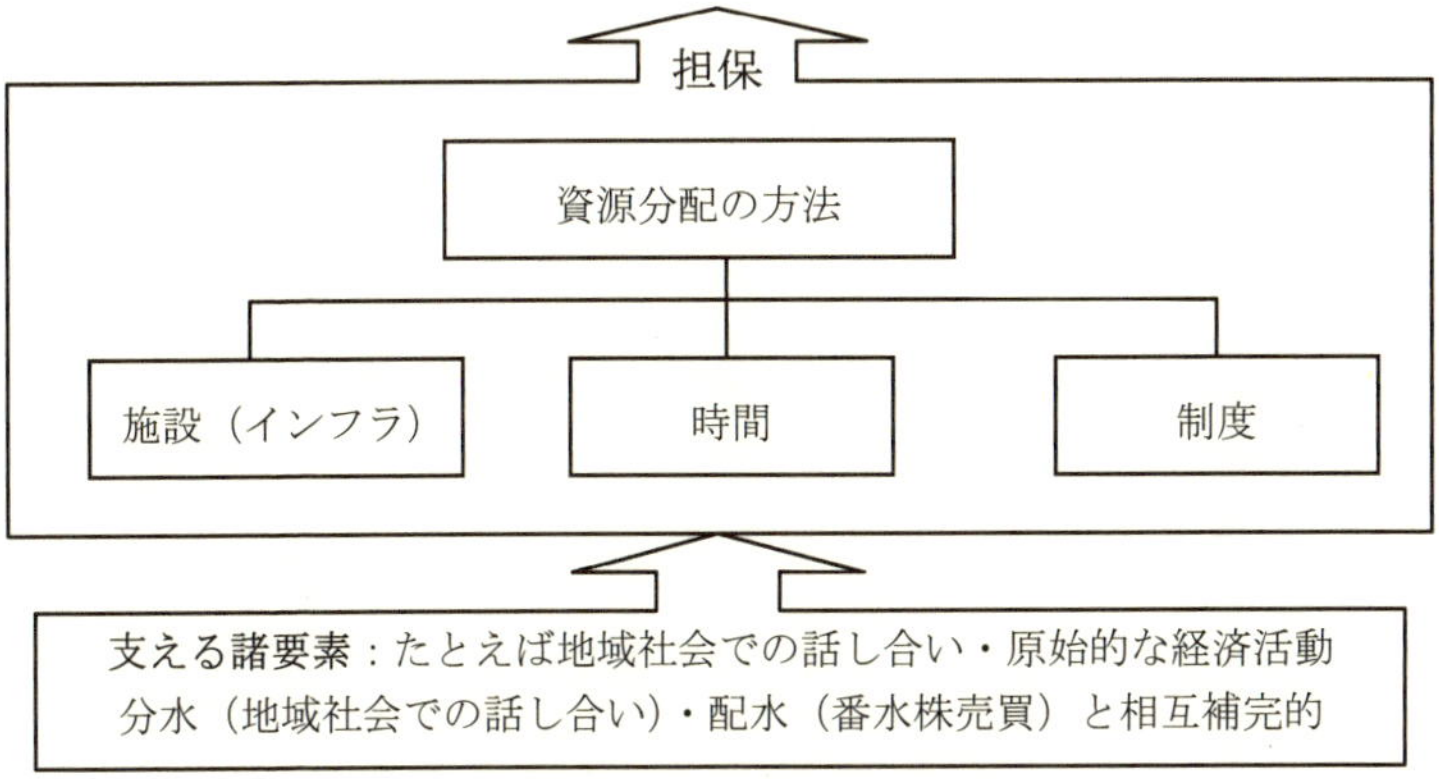

図１　資源分配と「公正」の担保

として、用水を比較的必要としていない所から必要としている所へ権利を移す。それが、あるときは地域社会による話し合いによってであり、あるときは経済活動によってであった。両者の相互補完的な関係は、その果たしてきた空間の違いに現れている。前者は、地域社会間における「分水」で機能を果たしたのに対し、後者は「配水」という地域社会内で機能してきた。もちろん話し合いは地域社会内でも重要な手段であったが、前述の施設や時間といった分配方法の具体的内容を決めてきたのは地域社会間の話し合いであった。「納得」できるのであれば、それが地域社会の管理するコモンズであろうと、その管理を前提としながら成り立っていた経済活動であろうと、あまり大きな差異はなかったのではないか。オストロムが挙げたコモンズの条件の中に「紛争解決メカニズムの存在」があるが(Ostrom 1990)、それは話し合いによるものに限られず、地域社会による水管理を前提とした経済活動も該当すると言えるのかもしれない。

四　「資源」としての用水を考える

1　自然の一部に値段をつける意味——「可能性の束」である「資源」

さて、今まで「資源」(resources)という言葉を自由に使ってきたが、ここで改めて定義すると「働きかけの対象となる可能性の束」である(本書「序章」)。山奥に湧き出る泉の水を、そのままにしておけば自然物の一部であるが、飲用水として常用するようになれば、それはすでに人間社会の一部を構成するようになる。頻繁にその泉に足を運べば道が必要となるだろうし、誰か一人がたくさんとりすぎて泉が枯れないよう番人を立てることになるかもしれない。灌漑用水も同様に、河川水のままであれば自然物であるが、そこからの取水を常態にするためには土を掘削し、分水施設をつくり、お互いを監視し合うルールやシステムが必要となる。自然の一部が人間社会に取り込まれて、様々な利用方法の選択肢を持つ「可能性の束」になるわけだ。番水株売買は、佐渡全体から見ると特異な例だが、「資源」という視点からは別の示唆を持つ。つまり、番水株売買は、それまでは土地と一緒に理解されていた水という自然物を「灌漑」という利用目的を定めて切り取り、さらに値段をつけて売買した行為なのである。その意味で、番水株売買は資源化（自然物が利用行為を介して人間社会の一部となること）を経て、さらに人からの働きかけによって可能性が絞られた形態（つまり「財」へと変化する）を示していると言えるだろう。自然の一部に価格をつけるという行為は、いわば切り取った自然物の使用価値を価格として表現することである。それが資本主義制度を構成する重要な要素であることを考えると、資源化プロセスと資本主義およびその原理が、密接な関係を有していることが示唆されるだろう。

　このように、自然の一部に価格をつけるという働きかけは、「資源」から「財」への変化をもたらす。すなわち、「財」とは「資源」からさらに利用目的が限定された対象物（人間に直接的な効用をもたらすような有形・無形のもの）を指す。そのため、「資源」と「財」の差異は、「人々が直接的に利用しやすい姿に変えられているかどうか」という点に現れる。水資源開発の文脈で考えると、その「直接的に利用しやすい姿」への現代的変容のためには、たとえばダム建設とそれに伴う幹線用水の建設が必要となる。そのインフラ建設と維持には莫大な費用がかかり、結果として開発者の移行と巨大化（地域社会から国家へ）がもたらされるとともに、資源は費用概念とセットで、より複雑なメカニズムをとおして個々の利用者に配分されるようになった。

そもそも、灌漑用水開田は多くの場合、寺社や地元の篤農家が私費を投じて行うことが多かった。番水システムがある上江用水でも、井上善右衛門や立野村太郎右衛門の功績に報いるため、一六〇六（慶長一一）年に定江と呼ばれる特権的な江が与えられた（どのような渇水時にも数量も順番も制限がなく取水できる。写真②右端の六・五センチは現在も井上源重氏が使用する一町七反分の特権的な江である）。ここでは「いつでも取水できる」という特権が実際にかかった費用を賄うために与えられた（いわば現物支給された）わけだが、翻って現代の水資源開発を見ると、その費用は金銭負担として利用者に配分されている。開発費用の高額化から事前に事業費を計算し用水利用契約を結び（契約生産方式）、同時に費用は利用者間に割振られることとなったのである（費用割振り方式）。これらはＴＶＡ（テネシー河流域開発公社）方式と呼ばれる多目的ダムの建設を中心とした総合開発手法である。このニューディール政策の一環として用いられたＴＶＡ方式には多くの利点がある反面、需要量の固定化、水源の遠距離化および取水条件の悪化などを引き起こし、水資源はますます高付加価値化した。そこでは、「可能性の束」から費用を体現した「財」への変化が見て取れる。現代では、このような水資源の高付加価値化が進んでいるため、自然物→資源→財というプロセスのうち財の占める位置が大きくなっている。そのため「利用」という、そもそも自然物の一部を切り取る根本的な動機が見逃されることが多く、利用を取り巻くルールや人と人との関係も同時に目に見えないものとして見逃される傾向にある。

2 過去の「資源の分配」に見出される発見

事例である番水株売買は、圃場整備によるインフラの充実が安定かつ規格化された水供給をもたらしたことで現代では行われなくなった。しかし、それを側面から支えた水利用に関するルールや人と人との関係は今も現地に残っている。

用水を例にとって「資源」の分配という視点から考えてみると、その分配方法、公正の意味、公正を担保する手段などが、人間社会のルールや人と人との関係といった、一見相互に関係を持たないように見える現代の社会の様相を捉え直す切り口を持つことに驚く。資本主義制度の下、「財」の位置づけが大きくなってきている現代においてこそ、「資源」という切り口にまでさかのぼることで「資源の分配が人々や地域社会にとってどのような意味を持っているのか」という問いに一つの答えを提示することができるのではないか。

本章では、具体的な分配方法として施設、時間、および制度を挙げ、それらが「お互いに納得できるプロセスを持つ」という「公正」を担保しながら、人々や地域社会の中で存続してきた点を指摘した。話し合いであれ、二当事者間における番水株売買であれ、能動的な働きかけという意味では共通の人々の活動が、公正さの具体的な担保方法だった。それほどまでに重層的・補完的になされてきた資源の分配は、地域社会存続にとって不可欠だった。本章では灌漑用水を例に挙げたが、切り口の有用性は水資源や稀少な資源に限られるものではない。現代の人間社会に対する有用な一つの分析切り口として、「利用」という働きかけにまでさかのぼる「資源」という視点は今後もますます興味深い。

参考文献

愛知用水土地改良区（二〇〇二）、『愛知用水土地改良区五十年の歩み』
イヴァン・イリイチ著、桜井直文訳（一九九九）、『生きる思想 新版』藤原書店
香川用水土地改良区（一九九八）、『香川用水土地改良区30年史』
臼杵宣春他（一九九八）、「佐渡と農業及びその水利事情」『JAGREE information』56巻、三七－四五頁
杉浦未希子（二〇〇四）、「丸亀市飯野土地改良区における渇水時の用水配分―「共同利用資源」（ＣＰＲＳ）概念の枠組みを用いて」『農村計画学会誌』23巻別冊、二五―三〇頁
同（二〇〇五）、「番水株売買にみる『水』取引の要因―新潟県佐渡市旧上横山村を事例に」『水資源・環境研究』18巻、一－一四頁
森瀧健一郎（二〇〇三）、『河川水利秩序と水資源開発―「近い水」対「遠い水」』大明堂
Ostrom. E. (1990), *Governing the Commons*, Cambridge University Press.
Sugiura, M., (2007), "Local trade of water rights in pre-modern Japanese irrigation system," Preceding of the 2nd International Forum on Water Environment Partnership in Asia (WEPA).

第Ⅲ部　開発の「後始末」と新しい関係性

第七章　資源への働きかけの媒介としての技術
――目に見える人工物に隠れる見えない影響

湊　隆幸

文明社会に生きる人たちは、自らが発達させてきた技術によりつくられてきた人工物を抜きに生活することはできなくなっている。そしてその影響は、人々の生活が技術に依存する度合いが進めば進むほど大きくなる。たとえば、東京の朝は一分も違わぬ精度で次から次にやってくる通勤電車、それに押し込まれ・押し出され、ベルトコンベアの上を列にして移動さぜら゙れ゙る゙都会の通勤で始まる。不思議なことに、生活の基盤をなす人工物については、生成された後の財やサービスとしての価値以外には目が向けられてこなかった。本章では、資源が人工物に変換されて社会に導入される過程における、働きかけの媒介としての技術がもたらす〝見えない働き〟に着目して、その社会的意味についてインフラを題材に考えてみよう。

一　技術の多面性が及ぼす人々への影響

もう一〇年以上も前の話である。久しぶりに友人と会ったとき、「東京ってずいぶん非効率なとこですよね」という話になった。ある時期に海外で知り合い、お互いの帰国後に会ったときのことだ。何が非効率かと言えば、東京の高速道路の渋滞のことである。毎朝毎晩、数キロにも及ぶ渋滞が数時間続く様子は、しばらくぶりで都会へ帰ってきた私たちに改めて異様さを感じさせた。そしてその現実は、後に自分自身で身をもって体験することになった。それは高速バスを使った通勤で毎朝の渋滞に巻き込まれ、時には往復で四時間以上も費やす羽目になったことがあったからである。

ある人は、東京の渋滞はパリよりはマシだと言う。車の交通渋滞を例にとれば、それは先進国の大都市の特徴でもあるかもしれない。一方、途上国はどうであろうか。私の経験から言えば、渋滞は先進国に限ったことではない。よく知られているように、バンコクの特に雨の日などの渋滞は相当にひどい。私は、ここでも通勤の往復に五時間も費やした経験がある。交通インフラを例にとれば、先進国と途上国の差異は、技術システムの量と質に向けられがちである。しかしながら、地球上のどこであれ、人々が車に乗ることに関する、機能や効率など目に見える以外の重要な共通項はないのであろうか。これが、ここでの問いの出発点になる。

技術は、人々の欲求に対する選択肢を拡大する媒体としての一面を有している。インフラは、速く動きたいとか災害から守りたいとか、そのようなニーズに対する手段として社会に供給される財である。社会科学における技術論の中には、「技術というのはもともと中立的ではない。それ自体に何がしかの価値が埋め込まれるような働きが知らないうちに含まれている」(フィンバーグ 二〇〇四) とする見方がある。中立的とは、自然のニーズを満たすという意味で中立であるということを意味する。たとえば、自動車は速く移動するための手段であり、中立的な意味からはインフラもそのニーズを満たす技術システムの一部である。しかしながら、そのようなニーズを形成する手段としてだけでは、技術の持つ一面を考えているに過ぎないことになりはしないだろうか。モータリゼーションの浸透は、一方では必然的に二酸化炭素の排出を伴い、環境に影響を及ぼしてきたことも事実である。これは潜在的リスクとして認知はされているが、問題の根幹はそのことにとどまらず根深い。たとえば、チャップリンの《モダン・タイムス》(チャップリン 一九三六) という映画には、工場の歯車の中にチャップリンが吸い込まれていく場面がある。これは、生産性というようなことを重視するあまり機械の一部として人格が失われるだけでなく、さらにはそのような状況に適合できない人々が社会から疎外されていくことへの風刺として有名である。このような視点までも含めて考えると、技術をいわゆる機能性、ニーズの面からだけで捉えるだけでは十分とは言えない。

工学的な意味での技術は、役に立つモノをつくる手段として捉えられ、力学を原理とした強度や安全性といった機能面を興味の対象としてきた。そのアプローチは、いわゆる二元論的なものであり、そこではモノが興味の対象であり、数学が適用できないような事柄は捨象されてしまう。このために、モノを使う主体である人の感性などはモノの影にカッコで括られてしまうのである。あるいは経済的な視点からは、生産と富の増大に寄与する選択肢と解釈され、費用と便益に基づく追加的な効用の比較が考慮の対象になる。これら二つの見方に共通するのは、いずれも目的を所与とした問題解決手段としての技術である。これらは、効率性の原則の上に、財やサービスをどのように社会に分配していくかといった問題に対する解になってはいるが、その配分が公正に行われているかどうかという問題の解としては不十分である。

エンゲルスは、大量生産を目指す大規模な綿紡工場を例にとり、そこでは数百人の労働者たち——男、女、児童——が、導入された蒸気機関を動かすための生産システムに服従して働かなければならなくなるような状況を観察し、特定の技術システムのために個々人の活動が結合され組織的なルールに置き換えられていくことの意味を論じた。そこでは、個々人の自由な資源であるはずの時間を例にとり、労働時間という設定された基準に人々が服従せざるを得なくなるような、技術システムの持つ権威性が人々の行動に及ぼす影響に鋭い考察を加えた。そこには、導入されたある特定の技術システムが、人々の選択肢や行動をどのように置き換え強化するかというようなことに関する、資源配分メカニズムの公正の問題が含まれている。

二　技術を媒介にした価値の埋め込み

公正を達成する上での資源配分の問題は、法律や規制による政府的なアプローチ、あるいは個人の合理性を前提とするような市場メカニズムの原理による解決が示されることが多い。しかしながら、資源配分をよりミクロな視点で見ると、同じような効果を得る上で、技術的に操作したほうが容易に目的を達成できることがある。身近な例で言えば、電車の座席に隙間なく乗客を座らせたい場合に、車掌が各車両を回って客に注意することもできるが、これはコストがかかる。そうではなく、座席の形状を一つひとつ区切るように設計し、自然と一人分のスペースしか占有できないように工夫することができる。

「権力は、それに気づかないときが最も効果的である」と言ったのはミシェル・フーコーであるが、技術は気づかれにくい政治的効果を持つ典型的な媒体である（佐藤・湊 二〇〇三）。この議論の延長で、政治的な意図を特定の技術の形に埋め込むことができるとして論議を呼んだのが、ラングドン・ウィナーの言う「本質的に政治的な技術」（Winner 1986）の議論である。彼は、一九二〇年代にニューヨークで建造された陸橋の高さが異常に低いことに目をつけ、設計者であるロバート・モージスがこの橋に埋め込んだ意味を探った。調査によると、設計者のモージスは人種差別主義者であり、当時、貧しくてバスにしか乗れない黒人が橋を渡ってビーチに行けないようにするために、故意に陸橋を低くしたのだと結論した。設計者であるモージスはこの世にいないが、橋はその後も存在し続け、確実にその効果を及ぼしてきたというのがウィナーの議論である。この議論は、技術の作用に関して「誰が及ぼすか」と「何を及ぼすか」に着目することの重要性に言及している。ウィナーの議論は、つまるところ、いったん導入された技術が人々の次の行動の前提を準備し社会を一定の方向に向けていくような、技術が潜在的にもたらす通時的な意味での社会への影響に目を向けさせるのである。

何がしかの目的を達成するために、技術の〝働き〟を活用する事例は、モージスの橋だけに限らない。バルセロナにある世界遺産であるサン・パウ病院は、大富豪の遺産により、建築家ルイス・ドメニク・イ・モンタネールが設計したものであり、貧困な人たちだけの病院として建設された。総面積一五万平方メートル程度の敷地に大小四八の建築物が並ぶ。それぞれの病棟が分けられているために、建物から受ける威圧感は小さい。また、内装には大理石やステンドグラス、色模様のタイルなどのきれいな装飾が施されていて、患者に安らぎを与える設計がしてある。これは、病院としての外観だけでなく、内装の美しさにより「人を癒す」というドメニクの信念によるものと言われている。それらは、患者のためだけでなく、貧困者の病院に優れた医者を招くために、ドメニクが施した〝仕掛け〟であるとも言われる。

技術を媒介にした価値の埋め込みは、個人の意図をはるかに超えて、国の防衛あるいは外交などにも現れる。同じく世界遺産を例にとれば、イギリスのハドリアヌスの長城は、異民族の侵入に備え防衛線の強化の一環として建設された。建設には、国境を示すこと、そしてそれ以上の拡大を戒める意図もあった。この防衛線はスコットランドに対する防御壁として、ローマ帝国の支配が及ばなくなった四世紀後半以後も一七世紀まで使用されていた。このためイングランドとスコットランドとの境界として固定化され、現在のイングランドとスコットランドの境界線にも大きな影響を与え続けた。同様な例は、アルジェリアのティムガッドにも見られる。これはローマ帝国の植民都市であり、市民権を得たアフリカ人をローマ人と同等に扱うことを示す統治策が都市計画を通じて行われた。

三　財としてのインフラがもたらす副次的作用

人をとりまく外界は、環境と呼ばれる。環境は、自然物と人工物の両方を含む。インフラはとりわけ人工物環境を形成する、長い年月をかけて人間が蓄えてきた財である。それは、地球上のほとんどの場所で、人間が生きる上での初期条件となっている。特に、都市部においては、住居、交通、防災、衛生、通信などの膨大な量の施設が組み合わされ、人々はその便益を享受するだけでなく、構築されたインフラの制約を受けて生活を行うことになる。たとえ場所が異なっても、程度の差こそあれ状況は変わらない。しかしながら、開発されたインフラの工学あるいは経済的効用のみに注目を集めてしまえば、インフラの実際の社会における社会的効果や影響は考慮されなくなる。

インフラのような公共財は、供給側の意思決定により社会に配置されるのが一般的である。その場合、供給者の持つインフラの効用と利用者が実際に見出す価値との間にギャップが生じる可能性が出てくる。技術を「達成された知識、結果として捉えるのではなく何かを形成し媒介する過程」(直江 二〇〇一)として捉えると、インフラのように大規模で非流動的なモノほど、通時的な意味で人の行動に与える影響が大きくなる。技術は社会において支持された場合にのみ成功と言えるとすれば、技術がどのように社会構成に関与するかという点について「人を消費者、賃金労働者、または納税者として見るというよりは、むしろ、公人、市民、人間と見る」(Winner, *et al.* 1992) というような視座から観察することは興味深い。そうすることにより、これまでバラバラだった工学や社会科学などの異なる学問領域は融合を余儀なくされ、技術の多面性が浮き彫りにされるだろう。

社会に導入されたインフラは、その直接的な使用目的（たとえば、道路ができて交通が便利になる、ダムができて灌漑や防災の効果が向上する）をはるかに超えて、社会全体の編成基準にまで影響を及ぼすことがある。特定の問題を解決するために導入されたはずのインフラが、当初は意図されなかった効果、つまり、「副次的作用」を持つことが最近認識されるようになった。本文で言う副次性とは、ある問題解決のために導入された技術が、気づかぬうちに社会の共通の関心事や利益と関わるような人々の行動を変化、制限、あるいは馴化させる過程を秩序化するという媒介としての性格を意味する。言い換えると、技術には、目的に対する手段ではなく生活様式や環境を形成するものであり、環境面への悪影響、経済的悪影響、さらには人々の協力や支配従属関係をも規定するような政治的作用が含まれる。それは、個別の行動を集合的な秩序に置き換えていく過程であり、変化を引き起こし、変化に適応できる機会を有する人々が有利になっていくような状況すらも含む。一見、副次的と思われているようなことが、実は人間の選択肢を本質的に脅かす要因であったり、あるいは環境問題など社会の持続性に影響を及ぼしたりしていないだろうか。これらが、本文における中心となる問いである。

資源を目に見える財やサービスに変換する場合、資源には働きかけが必要となる。本書の序章では、働きかけの要素として制度、文化、および技術を示した(序章図1)。本章では、そのような媒介の手段として技術をレンズとして、インフラという目に見える財の背後にある気づかれにくい潜在的作用を、副次的作用の観点から透視する。ある技術の導入がその主目的をはるかに超えて社会で定着し、予想されなかったような影響を及ぼすような状況はないのであろうか。既存の学問領域で見落とされているような、重要な問題はないのだろうか。これまでのような機能性あるいは経済性とは異なる観点から技術を考察することは、既存の学問領域になかったものである。モノが〝役に立つ〟とは、どういうことか。この問いは、モノの〝働き〟に着眼点を収斂させ、技術に内在する〝見えにくい働き〟を明らかにさせる。

四 副次的影響の考察事例

ここでは、働きかけとしての技術がもたらす社会的な意味に焦点を当て、つくられたインフラが何の役に立っているか、どのような影響を及ぼしているかについて、事例を用いた試論的な観察を行ってみよう。インフラがどのように社会構成に関与するかは、資源媒介としての技術による働きかけの連鎖、あるいは逆にその反作用としての働きかけの逆戻りあるいは喪失というような、人々とインフラの相互作用に左右される。この観察の視座は、モノを人から切り離した上で、一義的で単線的な因果関係を前提とするような客観性や論理性で包んでしまうものではない。作家の村上春樹は、論理と作用の相関関係について「論理が作用を派生的にもたらすのか、あるいは作用が論理を結果的にもたらすのか?」と書いている。ここでの視座も、そのような相互作用に着目する（村上二〇〇四）。以下では、①働きかけの大義と多義的影響、②逆戻りの働きかけと受動的影響、③働きかけの放棄と惰性的影響に分類し、社会との相互作用の下でインフラが及ぼす副次的影響の分析を試みる。

1　働きかけの大義と多義的現実

ある開発援助で、臓器移植の技術移転をある途上国に行った。そうすると、その土地の途上国の人々が、臓器というのはお金になるということを知り、臓器売買の闇市ができた。結果的に、その地域の人々の健康が改善されたわけではなく以前より悪くなった。ある国では、ここ数十年で人々の体重が二〇パーセント程度重くなり、利用される飛行機の燃料増加に伴う二酸化炭素の排出に関心が寄せられている。アルフレッド・ノーベルが発明したダイナマイトは、産業爆弾としての本来のニーズを満たした以外に、どのような社会的影響を及ぼしたのだろう。ここでは、こういう目的だったが実際は違う効果を発揮してしまったというような、大義と効果とのギャップについての事例を考えてみよう。それらは、技術に関わる人々の行動が次の行動の前提となり、時に環境問題をさらに悪化させたり、人々の間の不公平を増大させたりするよう、意思決定の方向づけの媒体としての技術の特性に目を向けるものである。

最初の事例として、インドネシアのカリマンタンにおける海岸浸食を取り上げよう。この島の西岸では、侵食により道路や家が流されて山側にどんどん後退していくような状況が発生している。住民の話によると、侵食は最近始まったらしい。筆者が専門家に聞いた話によると、このような短期間の浸食の原因の一つには、近隣における港湾の建設などがあるらしい。実際に数十キロ離れたところに、地域の木材や農産物積み出しのための港湾が建設されていたのであるが、それにより数十キロ以上も離れたところでの海岸浸食を引き起こしている可能性があることがわかった。この問題は、単なる自然破壊という現象にとどまらず、遠く離れて住む貧困な人々の生活に大きな影響を及ぼした点にある。つまり、港湾建設の利害関係者として考慮されなかった人々に〝見えなかった〟不公正をもたらしたわけである。

同じインドネシアのジャワ島にはメラピ山という活火山があり、日本からの資金援助により一九八五年から二〇〇一年にかけて複数の砂防ダムが建設された。メラピ山は一五四八年以降、六八回もの爆発を起こし、地域の安全が問題となっていたのである。ここでは、砂利や砂が建設資材としての市場価値を持ち地域住民の収入源となっていたが、ダム建設後政府はライセンス制を導入し、砂や砂利の採掘を一部の民間会社にだけ許可するようになった。一方、地域住民は砂防ダムの維持補修用の管理道路を経て、以前には入り込めなかった山奥で以前より多くの砂利や砂を採掘するようになっていた。その影響は、資材採掘のための住民による森林伐採だけでなく、ライセンスを受けた民間会社との間の摩擦や争いにも発展した。メラピ山の事例は、砂防という主目的のために建設されたダムが、結果として、森林破壊という環境問題や地域の治安の悪化というような連鎖的な影響をもたらした事例と言える（P・スティラワッタナ・湊ほか 二〇〇六）。

タイ国の湾に注ぐバンパコン川には、河口から約七〇キロの上流に、海水の逆流を堰き止めるための排水路ダム（長さ一六六メートル）が建設された。このダムも日本からの技術支援により、乾季における稲作や穀物生産のための灌漑用水を一万四七二〇ヘクタールの地域に供給する目的で、在来の河川を切り離す新しい運河の建設に伴い建設されたものである。しかしながらダムの建設後、上流地域では水質の悪化が、下流地域では堤防の決壊および洪水が起こるとともに、塩害も顕著になった。また、切り離された在来の河川域では、農家が放流する家畜のし尿などが自然浄化されなくなり、悪臭や水質汚染などの環境問題も発生するようになった。そこでいくつかの対策が講じられることになったが、その中の一つは、上流側ダムの水を下流側に放流するというダム運用規則の変更である。すると、この規則変更により、今度は上流側の水不足が発生した。この連鎖は、最終的には上流で予定されていた新しいダム建設を促進する理由として用いられ、新たな水門や関連施設などの建設に巨額の投資が行われることになった。この事例では、当初のインフラ建設の失敗が引き起こした問題が、畜産農家への補償問題などの経済損失だけでなく、対策のための新たな建設の理由となり、ひいては地方政府の予算配置の変更などの連鎖的な発生を引き起こした様子が見て取れる。ある特定の問題解決のための技術は、期待されたような主目的意外に、時として予想されないような問題を引き起こす場合がある。その過程においては、ウィナーが述べたような人工物の政治性は、特定の権益を強化するような道具ともなりかねない。

人間の思考を説得力のあるものにする一つの方法は、事例でも示したように、たとえば「砂防ダムをつくれば安全性は向上する」といった因果関係を明らかにすることである。このように、技術そのものは、ある特定の目的を達成するためにある特定の結果をもたらすような、単線的な解を得るための手段となる。しかしながら、技術を使う人間サイドから見た現実においては、技術はもっと多義的な価値や意味をもたらす媒介となることを無視できない。

2　逆戻りの働きかけと受動的影響

インフラは、一度構築されれば、流動性の低い資源として数十年、時には数千年の時を超えて人々の社会生活の一部を構成するが、機能的・経済的役割が終了すると取り壊される場合がある。しかしながら、人が特定のインフラに依存して生活したことによる、生活様式、価値観、行動、規律などの諸要素は、インフラが取り壊されたからといって消滅するわけではない。インフラは、その生存期間中に確実に多くの人々の行動を規定するが、導入されたインフラが廃棄あるいは復元というような形で社会から除去もしくはつくり変えられる場合〝選択の逆戻り〟つまり、どのような選択肢が回復され、どのような選択肢は二度と回復できないのか、というような受け身的な不可逆性を本源的に問い直す機会になる。

ソウルの清渓川《チョンゲチョン》復元事業は、生活排水の垂れ流しによる環境悪化に加えて、高度成長時代の交通需要問題に対するニーズから川に蓋をして高架道路が建設されたインフラを〝もとの状態〟に戻した事業であ。復元事業は、高速道路を全部解体して、運河ももう一回掘り返して新たな人工河川をつくる工事が三年間で完成された。この事業の背景には、悪化する悪臭問題に加えて、デパート倒壊事故などをきっかけとしたインフラの安全性に関する関心が高まったことが挙げられる。復元された川は〝未完成〟であり、これからも改修や古いアパートは建て替えや高層化、環境のよい街づくりを考えた土地利用などが計画されている。清渓川の事例は、全国的にインパクトのある事業となり、最近、河川の蓋を取り払うような事業が増えている。しかしながら一方では、アジェンダに対する認識の違い、利害関係者間の調整や保障、河川の両岸での高層ビルの建設など無秩序な開発への懸念も多く、復元状況には不明な点も多い（詳しくは第八章を参照）。

選択の逆戻りが及ぼす不可逆的影響は、インフラの撤去でも同様である。熊本県の球磨川《くまがわ》に建設された荒瀬ダムは、寿命の五〇年が経ち撤去されることが日本で初めて決まったダムである。撤去の理由には、本来の目的であった電力生産の費用便益が効率的でなくなったこと、およびダムの背後に堆積した砂による環境問題の悪化が挙げられている。さらに、地域住民、特にお年寄りの人たちによるダム建設以前への復元という文化的背景が撤去事業を後押しした。ただし撤去することは決まっても、長期間にわたり地域の環境を構成してきた施設であり、このダムが撤去されることによる生活機能の喪失、撤去以降の環境問題、下流側の八代市への影響など未解決の問題が残っている。村は川で隔てられており、将来の村落の地域構成への影響などの不明な点も多い。たとえば、ダム道路は小学生などの通学路としても使われてきたが、撤去後の架橋問題も予算上の都合などから解決策が決まっていない。

インフラの復元や撤去の事例は、ほかにもフランスにおける石張護岸への復元、アメリカでのダム撤去がある。わが国においても、東京の日本橋周辺の復元事業計画が持ち上がっている。先進諸国においては、初期の目的を終え老朽化した施設の復元や撤去事業の増加が予想される。インフラが復元されたり撤去されたりする場合、そのことによるインフラから人々への逆向きの働きかけが生じる。その場合、建設費用や環境問題だけでなく、人々がインフラに依存して生活してきたことによる利害の喪失や回復に関して、公共財としてのインフラが社会にもたらす二次的な影響は無視できない要素を多く含んでいる。

3 働きかけの放棄と惰性的影響

長崎県の軍艦島は、高度成長時代に石炭が採掘されていた資源の供給地であったが、そのインフラ施設はその後ずっと放置されてきた。さらに顕著な例は、東京湾岸にある工場跡地に見ることができる。そこには現在、東京ドームの約二〇〇個分にも相当するような未利用地があると言われる。本節2で、一度構築されたインフラに対して復元や廃棄というような積極的な働きかけを行う場合についての副次的影響についての事例分析を行った。ここでは、働きかけがより消極的である場合、つまり当初の目的の達成いかんにかかわらず存在し続けるような状況での、インフラがもたらす影響や効果を考えてみよう。

私の生まれ故郷である鹿児島県には二つの石油備蓄基地が、最初は鹿児島湾の喜入《きいれ》に、もう一つは大隅半島の志布志湾に建設された。この二つの備蓄基地周辺を訪れてみると、いずれも近接する海岸線が大きく侵食されている様子を見ることができる。志布志湾の柏原海岸の砂浜は、数千年を経て年に一センチか二センチの割合で形成されたと言われている。それがわずか数年の間で見るも無残な姿に変わってしまった。専門家の判断では、当初の建設予定地であれば海岸侵食は起こらなかったとされる。問題の根源は、施設建設の際の分配に伴う、隣接二町の基地面積の取り合いになったと言われているが、自然はもとに戻すことができない状況である。つまり、働きかけの主体であった二つの町の利害関係が、備蓄基地というインフラをとおして政治化された結果、二次的な影響としての環境破壊が起こされたと言える。

この事例は、技術はそれ自体が自己目的化の対象となる場合、副次的と思われるような影響の背後に、今日の社会の持続性を脅かすような問題を解く重要な視点が抜け落ちていることを示唆している。少なくとも今になって振り返れば、環境に対するこのような仕打ちが望ましくないことは異論のないところであろう。技術を、量的な功利性や操作性の原理およびそれを支える制度と連動してのみ発動すれば、直接的な損失としての環境破壊だけでなく、もっと大きな惰性的な意味での文化的資産あるいは歴史の喪失をも招くことになる。

膨大な量の老朽インフラを保有する日本のような先進国においては、資金的な制約条件の下ですべてのインフラを維持管理することは非現実的である。その場合、多くのインフラが更新や廃棄を延期あるいは中止するという形で放置される状況が発生するであろう。インフラの放置は、それ自体がその空間を有効活用できないという経済的損失を伴う。それは同時に将来の行動の選択肢（オプション）を失うことを意味する。それが非選好施設と呼ばれる工場やごみ処理場あるいはエネルギー関連施設などの場合、その主効果が補えないほどのマイナス効果を社会に及ぼす可能性がある。

つまり、インフラが人間社会において主目的よりもむしろ副次的効果の意味のある存在として認識されるようになる状況があることを、時空の経過の中で見る必要がある。技術を可能性としての資源への働きかけ手段であるとすると、それは人間の関与を必然的に必要とする。次の世界遺産の例は、特定の目的を超えた、ある意味で惰性的なインフラの副次的効果を把握する上で、技術と社会の相互作用を見るための実在の手掛かりとなる。

イタリアの洞窟住居跡、マテーラは旧石器時代からの住居であり、八世紀から一三世紀にかけて東方からの修道僧が住み着き、一三〇以上の洞窟住居を構えていた。一五世紀から一六世紀には、オスマントルコに追われたアルバニア人やセルビア人などが移住し、一八〇六年にポテンツァに州都が移されると、経済逼迫の影響もあり衰退していく。その後長らく小作農民の住居となり、マテーラは南イタリアの貧しさの象徴という見方がなされてしまう。そして、第二次世界大戦が終わった一九五二年にはイタリア政府が住民に移住を命じ、廃墟となった。現在は一部修復して、岩壁を意味するサッシとしてそこに暮らす人の居住地としてだけでなく、サッシを利用したホテル開業により世界遺産に登録され観光地となっている。

オランダのアムステルダムでは、浸水や洪水を防ぐために、堤防や運河、水門の建設が実施されており、すでに一六世紀の時点で、技術的には高度なレベルに到達していた。一七世紀の独立戦争の際、こうした技術が防衛戦略上大きな力を発揮した。それは、堤防とポンプによって水量を自在に調整できるグーデ・ホラント・ウォーターラインというシステムである。本来、洪水を防ぐ役割のものが、敵の侵入を防衛するものとしての効力を発揮した。一九世紀には、このシステムをディフェンス・ラインとして建造し、要塞は、首都アムステルダムを中心に、半径一五〜二〇キロの範囲で環状に、総計一三五キロの長さにわたって構成された。この事例も、水門として建設されたインフラが、後になって防衛戦略上のディフェンス・ラインとして機能したり、現在では世界遺産として観光施設になっているように、当初の意図とは異なる効果を発揮しながら社会に定着している事例である。

五　まとめ

産業革命以後の急速な技術発展は、工業を中心にしたモノの生産を重視し、効率性の向上に力を注いできた。現在はさらに、モノの生産だけでなく情報をより重視した新しい社会へと移行し始めている。しかしながら、それは依然としてモノの生産や流通あるいは消費をどのように効率的に成し遂げるかに焦点を当てていることに変わりはない。本章では、インフラを題材として、ある技術の導入が社会にもたらす影響を人々の行動や選択に関連づけて議論した。事例を用いた分析の視座は、資源配分への働きかけの媒介としての技術に内在する多面性をベースにした、時間の経過の中でのインフラが及ぼす副次的効果の分析にある。

インフラは、一度配置されると容易には取り除かれない低流動的な財である。たとえば、ダム施設の使用は数十年にも及ぶ場合もあるが、従来からの工学的な定義によると、そのライフサイクルは四段階に区分され、企画、設計、建設そして予定された供用期間を経て役割を終えることになる。しかしながら一方では、インフラの影響は工学的な寿命の後も存在し、主たる目的である交通や防災あるいは通信に関わる生活財としての機能を超えて、多面的な社会効果を及ぼし続けることにも気づかなければならない。なぜならは、インフラの規模および非流動的な性質のために、通時的な意味で人の行動に与える影響が大きくなるからである。そのことは、「開発とは何か」ということを問い直すことにも通じる。

ウィナーが論じたように、設計者モージスが橋の設計に埋め込んだ意図は、彼の死後も存在し続ける。メラピ山やバンパコンダムの事例でも示したように、一度導入されたインフラが利害関係者の連鎖的な意思決定の前提となり、行動を特定の方向に誘導するような状況をつくり出す場合もある。また、清渓川復元事業や荒瀬ダム撤去の事例、あるいは放置の議論では、インフラがその機能的目的や寿命を終えた後も、断続的に人々の選択肢に不可逆性や不安定性をもたらす可能性を見た。

本章の主題は、資源が財やサービスへ変換されるのに必要な、働きかけの媒介としての技術が及ぼす、見えない作用を見ることにより、技術の多面性がもたらす副次的影響の議論構築を模索しようとするものであった。従来の技術を構成するパラダイムの考え方は、機能性や効率性に関するものであった。その枠組みは、前提条件として、財やサービスの追加的価値の増大という考え方に基づき、モノの生産という目的のために妥当するものである。しかしながら、より根源的な価値規範の形成に立った資源配分の公正の問題に対応しているとは言い難い。公正とは何かという問題はそれ自体深淵なる議論を要するが、ここでは現代の意思決定の基本枠組みである政治あるいは市場メカニズムに抜け落ちているような、技術がもたらす副次的影響に焦点を当てた。そして、一見して副次的と思われる影響の中に、実は主たる効果以上の重要な問題が含まれる可能性があるという、政策的命題についての含意を試論的に提示する挑戦を行った点を最後に強調しておきたい。

参考文献

Winner, L., *et al.* (1992), *Democracy in a Technological Society*, , Kluwer Academic Publishers.

佐藤仁・湊隆幸（二〇〇三）、「人工物と人間の選択肢」『国際環境協力』（東京大学大学院新領域創成科学研究科国際環境協力コース紀要№3）

C・チャップリン（一九三六）、《モダンタイムス》（サウンド版）は、チャップリンが肉声で歌う場面が出てくる唯一の作品としても印象深い。

直江清隆（二〇〇一）、「行為の形としての技術」『思想』九二六号

A・フィーンバーグ著、直江清隆訳（二〇〇四）、『技術への問い』岩波書店

P・スティラワッタナ、湊隆幸（二〇〇六）、'The Political Phenomenon of Chain Effects in Infrastructure Development'（科学技術社会論学会第5回年次研究大会予稿集）

村上春樹（二〇〇四）、『アフターダーク』講談社、二二一頁

Winner, L. (1986), "Do Artifacts Have Politics?" *in The Whale and the Reactor*, University of Chicago Press.（＝L・ウィナー、吉岡斉・若松征男訳（二〇〇〇）、『鯨と原子炉―技術の限界を求めて』紀伊國屋書店）

第八章　取り外された開発
——ソウル市清渓川復元計画を事例に

趙　公章

二〇世紀は土木事業の全盛時代でもあった。道路、ダム、ビルなどの土木事業は開発の代名詞でもある。開発は人々に多くの便益を与え、豊かにしてくれた。しかし、開発のために取り付けたインフラにも寿命はある。寿命を過ぎたインフラは、便益ではなくリスクとして人々を襲う可能性がある。また時代の変化、需要の変化により、開発に求めることも変化していく。すでに存在するインフラが新たな開発には邪魔になるかもしれない。二一世紀の開発はどう変わるか。すでにある道路を撤去することで川の水辺空間を復元した、ソウル市清渓川《チョンゲチョン》の事例から開発のパラダイムの変化を読み取ることができるだろう。

はじめに

人類は自然をそのまま利用するだけではなく、その環境を人為的に変えるなど、よりよい生活を享受するための努力を続けてきた。たとえば、雨の少ない土地で耕作をするための灌漑や、山岳の交通を容易にするトンネル建設など、インフラを新設することは開発の典型的な例である。しかし、すでに存在するインフラを取り外すことも開発である。二〇〇五年に、韓国ソウル市の中心部に小さい川が新たに誕生した。以前はアスファルト道路だったところに新たな水辺空間ができたのである。同じ空間が道路として利用されたり、川として利用されたりすることになる。

このように同じ資源でも、それを利用する目的や手段により新たな価値や便益が生まれるようになる。ある空間から人々が得られる価値や便益が、時代背景と技術の変化によって変わっていく。この変化に、どのような人々が関わり、どのように利害や意見を調整しているのか。ここでは、韓国ソウル市の清渓川で行われた開発事業を事例に、時代による「資源化」プロセスの特徴とそれらに関わる人々の意見や利害を調整し、開発の方向性を決めるあり方を考察したい。

一　清渓川と開発の歴史

1　朝鮮時代の浚渫工事（一五～一九世紀）

清渓川のもともとの名称は「開川」で、ソウルの西北の仁王山と北岳の南麓、南山の北麓などから始まり、都城の中の真ん中あたりで合流し、西から東方面に流れる延長一〇・九二キロの都市河川である。清渓川は、総面積五〇・九六平方キロメートルで、ソウルの中心部を流れており、一三九四年ソウルが朝鮮王朝の都と定められて以来、都城の中部を地理的に、そして政治・社会・文化的に区分する象徴的な境となってきた。

都城の中を流れる清渓川は、住民生活を脅かす要因として作用する側面が大きかったが、その中でも代表的なのが川の氾濫であった。一四〇七年、ソウルの河川が氾濫し、根本的な解決を図り、一四一一年頃から五万二八〇〇人を動員した大規模な工事を行った。そのときの工事というのは、一部区間の川床を掘り出し、川幅を広げるとともに石や木材で堤防をつくるというものであった。当時の川の用途は下水道としての機能が重要であった。

一七〇〇年代に入り、ソウルの人口は急激に増加し、下水量が増え、北岳と南山の森が燃料に乱伐され、その一部が畑となり、土砂の流入量が増え続け、川を浚渫《しゅんせつ》せざるを得ない状態に陥った。一七六〇年には、約二〇万人を動員し五七日間にわたる大工事に着手した。この工事は川を浚渫するとともに水路を直線に直し、両川辺に石垣を積み上げる方法で行われた。このような大工事を行ったのは急激に増えてきたソウルの貧民に仕事を与えるためであったという。一九〇〇年代後半の大規模土木事業が地域振興を名目にしていると言われるが、それと同じ口実が二〇〇年以上前にも使われていたのである。

2　衛生問題と覆蓋（一九二〇年代〜一九六一年）

一九二〇年代に入り、農村を離れた農民たちはソウルに集まり、清渓川の堤防にも不法住宅が所狭しと建てられた。そのときからこのあたりはソウルの代表的な人口密集地域となっていて、とりわけ深刻な問題となったのが衛生問題であった。梅雨になると、浸水する家が数えきれないほど多く、伝染病が発生するとたちまち町中に広がった。集中豪雨になると、清渓川下水は木造住宅団地に逆流してきた。ソウル住民の死亡率は、清渓川に近いところほど高いと言われるほどであった。衛生問題に加えて、生活下水やゴミによる景観上の不快感も高まり、清渓川ではなく濁渓川であると言われるようになった。

表1　清渓川開発の歴史

一三九四年	ソウル（旧漢成）が朝鮮の首都として定められる。
一四一一年	氾濫への対応策として、部区間の川床を掘り起こし、川幅を広げるとともに石や木材で堤防をつくる。普段は下水道として利用される。
一七〇〇年代	浚渫工事、水路を直線に直し、両川辺に石垣を積み上げる。
一九二〇年代	ソウル市に人口が集中し、不法建物、衛生問題が深刻になる。
一九三五年	「覆蓋（川にコンクリートの蓋をする）計画」（再開発、高架鉄道計画も構想）企画化。
一九五八〜六一年	本格覆蓋（長さ二三五八・五メートル、幅一六〜五四メートル）。

一九六七〜七一年 清渓高架道路完成（総長五六五〇メートル、道路幅一六メートル）。
一九九〇年代後半 高架道路の安全性問題が顕在化。
二〇〇二年 ソウル市長選で、清渓川の復元を公約に掲げた候補が当選。
二〇〇五年 清渓川復元工事完了。

このような深刻な悪影響を及ぼす川の問題を解決する方法として、川にコンクリートの蓋をする「覆蓋《ふくがい》」が選択された。覆蓋という手段を決めたのは、衛生面などの環境問題だけではなかった。清渓川の覆蓋計画は一九三〇年代から企画されたと言われるが、当時のソウルは日本の植民地であり、清渓川は朝鮮人の町と日本人の町の境界でもあった。当時の日本政府は清渓川を覆蓋し、その上に一万坪の団地計画を立てたり、路面電車計画を立てたりした。覆蓋工事は貧しい朝鮮人の住環境を整備することで日本人居住地の生活環境を改善するためでもあったという。しかし、第二次世界大戦と朝鮮戦争などで覆蓋工事は実行されなかった。一九五〇年代に入り、朝鮮戦争でソウルから地方へ避難していた市民が戻ってきた。貧民や避難民は清渓川周辺の不法住宅に集まり、あふれる生活下水と悪臭で清渓川は貧しくて不潔なスラム街の代名詞となる。政府は覆蓋工事を行うことで川周辺の整備に力を入れるしかなく、清渓川の川としての機能は失われることになった。実際の覆蓋工事は一九五八年から本格的に行われ、最終的には総延長五・四キロの道路となった。

川で洗濯をする風景（1910 年代）

覆蓋前の風景（1940 年代）

写真はいずれもソウル市ウェブサイト　http://www.seoul.go.kr/ から転載

復元された水辺空間（2006年）

3　高架道路建設工事（一九六七〜七一年）

清溪川覆蓋工事が完了した後、覆蓋道路を中心に左右に商店街が立ち並び、交通量が増加し、都心から郊外につながる新しい道路建設の必要性が生じてきた。そのため、覆蓋道路の上に新しい高架道路を建設した。高架道路建設と並行して、周辺エリアに大々的な整備が行われ、ビルの建設や密集地域に対する大々的な再開発も行われた。清溪川周辺には工具、印刷、衣類などの商圏が広がり清溪川周辺が近代化の象徴として生まれ変わったのである。

しかし、覆蓋後の道路があるのに、なぜ高架道路をつくるのかという必要性については疑問が残る。ソウル市関係者は「当時は韓国の高度成長が始まった時期で、建設技術の高さを韓国外に示すのも高架道路の建設の意義である」と述べた。当時の高架道路は「交通手段」としての価値だけではなく「技術宣伝」という価値があったのかもしれない。

二　清溪川復元工事（二〇〇二〜〇五年）

1　復元工事の経緯

覆蓋や高架道路建設で活気あふれる町となった清溪川周辺は、一九九〇年代には騒音や排気ガス、交通混雑などで環境は悪くなってきた。ソウルは江南地区（漢江の南地区）を中心に現代都市として生まれ変わる中、清溪川は開発が遅れる江北地区（漢江の北地区）の象徴となってきた。そして、二〇〇二年のソウル市長選で清溪川復元を第一公約としてあげた李明博《リ・ミョンパク》が当選した。李が市長になり、ソウル市は河川固有の三大機能である利水・治水・環境機能が、産業化や都市化により水が汚染され、河川の渇水化が深刻になってきたことから川の復元を目指す基本構想を発表する。ソウル市はこの計画を推進する理由として以下の四つを挙げた。

①人間と自然が中心となる環境にやさしい町づくり　清溪川を太陽ときれいな空気、きれいな水が流れる天然河川として復元し、水辺に生態公園を造成することで、市民にきれいな河川と憩いの場を提供する。

②六〇〇年古都ソウルにおける歴史と文化の回復　広通橋や水標橋などの清溪川における文化遺跡地の復元、標橋の橋踏み（伝統行事）、燃燈行事などの伝統的な文化行事の再現、ソウルの四大門のうちに文化遺跡と連係した文化空間を設けることなどを通じて、六〇〇年の古都ソウルの歴史と文化にお

ける アイデンティティを回復するとともに、清渓川をソウルの代表的な文化観光資源として活用する。

③安全性の確保　一九五八年から建設し始めた清渓川覆蓋道路と高架道路の構造物は、ソウル市が安全診断を行った結果、安全性に大きな問題があると指摘され、直ちに補修工事の実施を決定したが、その後の安全診断でも崩壊の危険性などが指摘されていた。

④地域の均衡発展　都心経済活性化のために、老巧化した江北地域の開発を行う。

復元工事に関して最も懸念されることは、交通と周辺商人への影響である。ソウル市の対策は次のようなものである。

①交通対策

・都心交通システムの改編によって、清渓川および高架道路の交通影響を最小化する。

・清渓川の両側に片道二車線を確保して周辺の商店街に対する被害を最小化する。

・交通の流れに支障のない最大限の工程を施して工事計画を立てる。

②周辺商人への対策

・事業区間を現在の清渓川道路幅に限定するため、周辺の建物の撤去や営業に支障のないように、これまでと同様に清渓川周辺商店街の営業活動を保障する。

実際、ソウル市民が清渓川を訪れるときの交通手段としては、復元前は、乗用車（五八・九パーセント）

↓バス（二〇・五パーセント）↓地下鉄（一二・五パーセント）の順序であったが、工事中には、地下鉄（四七・五パーセント）↓乗用車（二六・九パーセント）↓バス（一九・〇パーセント）の順序に変化したことがわかった。

さて、復元計画は二〇〇二年のソウル市長選で本格的に議論されたが、そもそも復元計画はいつ頃誰によって始まったのか。一般的にこのような開発計画は政府や開発業者により始まる場合が多いが、復元計画は意外なところから始まった。

一九九一年のある日、延世大学の老教授（史学専攻）と若手教員（水工学専門）が乗った通勤バスが清渓川を通ったときである。老教授が「昔はここにきれいな水が流れていたんです。もう二度と見られませんね」と言ったことに対して、若手教員が「今の水工学ですと、技術的には川に復元させることが可能です」と答えたのがきっかけになったという。そこで意気投合した二人の学者は清渓川研究会を立ち上げ、都市計画や環境学の専門家を中心に川の復元に関する研究を積み重ね、シンポジウムなども開催し、有志を集めていった。

そして、二〇〇二年のソウル市長選を前にして、各候補に川の復元を公約に入れるよう要求し、有力候補の二人のうち李は賛成、もう一方の候補は交通対策で実現の可能性が低いという理由から否定的な反応を示した。川の復元はマスコミや市民の話題になり、市長選の最大イシューにまでなった。そして、二〇〇二年に李が市長になり、具体的計画案を作成することになる。

2　復元に関わる人々

李市長は、市民参加型の計画策定手法として市民委員会を提案する。市民委員会は、各界各層の市民代表と環境・文化・交通など、関係専門家らが集まり、清渓川復元事業と関係のある主な政策の調査・研究および審議を行う。市民委員会は、本委員会、それぞれの分科間における意見調整を担当する企画調整委員会、分野別の六つの分科委員会で構成されている。各界の専門家（五三パーセント）、市民団体（一七パーセント）、宗教・経済・法曹界・言論などの市民代表（一六パーセント）、市会議員および市職員（一六パーセント）で構成されている。市民参加型の復元計画は順調にスタートしたように見えた。

しかし、李市長と市民委員会の関係は、復元工事の詳細設計段階に至ってもめることになる。市長選で李市長を応援したＮＰＯは市民委員会でも主役であったが、そのＮＰＯと李市長との間に亀裂が生じたのである。李市長とＮＰＯの関係を整理すると以下の三段階に分けることができる。

①アジェンダ・セッティング段階（二〇〇一～〇二年六月）

二〇〇一年秋に、ＮＰＯからの政策提案を李が公約として受け入れたことで、川の復元を目指す多くのＮＰＯ専門家が李の選挙キャンプに加わるなど、お互いに協力する。ただし、河川復元という手段への相互の合意はあったが、目的についての合意がなかったことが、その後の展開で明らかになる。

②基本方針策定段階（二〇〇二年六月～〇三年七月）

李の当選後には、市民委員会に多くのＮＰＯメンバーが参加するなど両者の関係は順調であったが、復元事業構想が本格化した〇三年四月頃から市とＮＰＯの間には葛藤が始まった。ソウル市の基本計画に、ＮＰＯ側の本来の目的でもあった環境・歴史文化復元への配慮が正しかったからである。市民委員会は〇三年五月に二つの橋の復元を条件に基本計画を承認したが、両者の溝は深まった。そして、〇三年七月には撤去工事が始まった。

③詳細設計段階（二〇〇三年七月～〇四年）

撤去工事の段階で多量の文化財が発見され、NPO側は「工事を中断し、文化財復元計画を立てること」を要求したが、市は「工期が遅れる」と拒否した。そして最終計画案の段階で、NPO側は計画の審議を拒否し、李市長らを文化財保護法違反で告発する。両者の協力関係は完全に終わることになる。設計計画に関する両者の大きな違いは、①自然河川の復元か、運河型人工河川か、②計画の検討範囲は再開発を含むのか、河川復元のみかの二点に集約できる。その二点は本来なら基本計画段階で明確にすべきであったが、その基本計画における両者の意図のズレが、詳細設計段階で表面化することになる。お互いは河川復元という政策手段においては合意していたが、その目的については明確な合意がなされていなかったので、河川復元事業が具体化するにつれて両者の葛藤は深まることになる。

このように李市長とNPO側の関係はこじれてきたわけだが、ソウル市民は復元計画に肯定的な評価をした。なぜソウル市民は川の復元計画に賛成したのか。ソウル市は一九七〇年代の高度成長により経済的には豊かになってきた。しかし、一九九〇年代に入り、手抜き工事が原因で橋やデパートの崩壊事件が起きて、公共施設の安全性に対する懸念が高くなった。また開発中心の政策の弊害として大気汚染、干潟問題などが社会問題となり、その反省から市民の環境意識も高くなっていた。

その二つが背景にあったことから、川の復元計画はソウル市民の支持を得ることができたと思われる。ある新聞社のアンケート調査では、ソウル市民の八割近くが賛成しているという。市長選でもソウル市民の関心は、技術的に復元が可能かどうかよりも、そうしてほしいという感性への訴えに集まっていたという。ＮＰＯとソウル市の共通する「川の復元」というスローガンに反対する人はいないだろう。「世界平和」というスローガンには誰もが反対できないのと同様で、誰もが賛成する命題をアジェンダにしたのは選挙戦略としてはとてもうまいやり方であった。反対する側は、実現可能性や財政問題、交通対策などを懸念し反対したのであり、川の復元そのものに反対したのではなかった。

この復元計画にはＮＰＯ以外にも様々な主体が関わる。川周辺の地主は川の復元により地価の上昇を期待しており基本的に賛成する人が多かった。最も計画に反発したのは周辺商人である。ソウル市の周辺商人に対する対策は、テナントと露店商人を分けて行った。テナントには、補償はできない、文書での交渉はできないと言い渡した。工事範囲は川であり、周辺の再開発は範囲にはない。したがって、テナントが入居している建物の撤去などは行われないため、テナントの商業活動への補償はできないということである。また文書で交渉し、その結果を文書でまとめると、細かいことが守られなかった場合に、その文書を口実に新たな紛争が起きうる。そこで、市はなるべく口頭による交渉をしようと主張した。それに対してテナント側は猛烈に反発した。川の復元が行われると再開発が期待されることから、周辺の地価や家賃が上昇し、零細なテナントは家賃を払えなくなる、文書でまとめないということは約束が守れないことを前提とする交渉である、と。テナントとの交渉は、新たな商業団地をつくりそちらに移住するための資金をソウル市が支援するなどで一段落した。

テナントは、交渉の相手として扱われたのがまだ救いである。一〇〇〇人以上の露店商人は、屋台など露店活動そのものが不法であるため、撤去の対象であり交渉の対象ではないと、ソウル市から言い渡された。長年にわたって商業活動を続けてきた露店商人たちは自主撤去を勧告され、ソウル市が用意した旧サッカー競技場に移動した。旧サッカー競技場内に、一〇〇〇以上の屋台が並ぶという珍風景が繰り広げられた。しかし、移転してから三年も経たない二〇〇七年に、旧サッカー競技場の撤去が正式に決まった。露店商人は新たな移転先を見つけなければいけない。清渓川復元工事の一番の被害者は、露店商人であると言えよう。

3　復元という開発

ソウル市民は、市長選で「川の復元」に合意した。しかし、「復元」が意味することに対しては合意がなかった。たとえば、復元を推進する李市長にとっては水辺空間の復元を意味する。川の水を主に漢江（ソウルの中心部を流れる大きい川）からポンプで流入させるという設計をし、山の水源地から流れる川を生態的に復元するものではなかった。一方、環境ＮＰＯなどは生態的な川の復元を主張し、水源からの枝川までの復元を含めることを要求する主張もあったが、これは現実的には不可能であった。つまり、景観的水辺空間の創造か自然河川としての復元かに分かれたのである。それは復元についての両者の意図の違いが原因である。李市長側は、生態的復元が目的ではなく、旧都心の再開発の一環として川の復元という手段を選択した。このような目的の違いが、設計段階で様々な衝突を引き起こすようになった。たとえば、枝川の復元、川の幅、隣接道路の幅、川の水深、復元工事中に発見された文化財への対処、そして旧都心の再開発を復元工事に含めるかどうかなどでもめることになる。しかし、川の復元というアジェンダが市長選で選択されたという手続きの正当性が確保されたことから、ソウル市は計画通りに工事を完結させた。

ソウル市は川の復元と再開発を同時に進めなかった。川の復元には反対する側に対する大義名分があったが、再開発となると地価の上昇による補償問題など面倒なことが噴出する可能性が高かった。川が復元されれば、上昇する地価を期待する周辺エリアの地主は、自ら再開発のための規制緩和を要求することが予想される。復元と再開発を同時に進めるより順次に進めることが合意形成からも容易であったと推測できる。

復元工事により二つの道路がなくなることになる。覆蓋道路は高架道路の橋脚や不法駐車などでもともと往復二車線しか使えなかったのだが、高架道路がなくなることによる交通対策には不安の声が高かった。しかし、復元された後の周辺交通には大きな問題は起きていない。ソウル市は、バス専用車線や地下鉄との連携支援など大衆の交通手段を効率化することで、高架道路撤去の影響を最小限にしたのである。

商人対策には強引なやり方をしたソウル市であるが、再開発計画と交通対策にはうまく対応したと思われる。それはインフラの性質をうまく利用したからである。都市計画分野でよく言われることであるが、高架道路を建設すると、その下にはスラムが形成されやすいと言われる。清渓川はその逆のパタンである、高架道路を撤去し、川を復元させることで、不法露店商人は移住させられ、周辺地域は自然と再開発の声が上がる。強引に再開発まで一気に進めるのではなく、時間を置くことで計画を進めやすい環境をつくったのである。交通対策でも、混雑解消のために道路を拡張すれば一時的には混雑は解消し便利になるが、便利になればなるほど交通量が増えてしまうので、道路はまた混むようになると言われる。その性質を逆に利用し、道路車線の減少は恐れずに、大衆交通手段の効率化で交通混乱を回避したのである。

三　開発と資源化

開発というのは何かの機能や価値を創造する行為である。しかし、人々は橋、ダム、道路などインフラをつくることに注目し過ぎた結果、なぜそのインフラをつくるのかについての議論は少ない場合が多い。公共事業の策定プロセスにおいても、このような場合はしばしばある。

何らかの機能や価値を持たないままの対象は資源とは呼ばない。しかし、何らかの作用により機能や価値が見出されたときに、対象は資源として認識されることになる。その作用とはインフラなどの技術でもあり、社会制度や人々の需要の変化でもありうる。このように開発というのも対象と作用、機能・価値が相互に関連している概念である。

表2　清渓川で行われた資源化の変遷

	資源	インフラ（技術）	目的・機能
15世紀	清渓川（川床空間）	浚渫・堤防	氾濫対策
1950年代	清渓川（川上空間）	覆蓋	衛生対策・交通
1960年代	清渓川（川上空間）	高架道路	交通・技術宣伝
2000年代	清渓川（水辺空間）	道路撤去・景観・水路	親水風景・水辺空間・都心再開発

清渓川の事例でも、同じ対象である川がその目的に合わせて選択された技術により異なる価値を創造してきた（**表2**参照）。

資源は同じ空間であるが、資源化前の空間（資源化の初期条件）は異なる。資源化の手段であったインフラが、新たな資源化に抵抗するものにもなっている。一九五〇年代と七〇年代は開発手段であった覆蓋と高架道路が、二〇〇二年の復元計画では資源化の抵抗物として撤去の対象になったのである。このように資源化の目的によって作用や抵抗、対象の範囲や選択が変わっていくのが清渓川の開発の歴史ではよく見られる。清渓川の事例は、資源化の対象と作用、目的（機能・価値）をセットで議論すべきであることを示唆する。

しかし、今まではこれらを議論する場は同時には開かれることはなかった。多くの公共事業の紛争事例からもわかるように、開発の手段であるインフラの選択段階で紛争が起きている。開発の手段であるインフラの選択段階では、インフラによる恩恵と影響の時間的・空間的範囲がある程度具体化される。それにより、社会的な議論に参加できる人の範囲も決まってしまい、目的により規定される設計の範囲や技術の範囲が固定されてしまう。開発の手段であるインフラだけではなく、開発の目的と対象、範囲をセットで議論すべきである。しかし、これらの議論はインフラの設計段階ではもう手遅れである。たとえば、環境アセスメント制度というものがある。これは、インフラなど大規模な開発による環境への影響を事前に予測・評価し、開発計画を策定する際に参考にする制度である。これは、すでに開発手段が決まっている段階である。ダムの規模、道路の路線などインフラの大まかな設計はすでに終わっている。この段階に至って、開発の目的を問うことは実際には難しい。より早い段階で開発の目的と手段をセットで議論することで、開発手段の妥当性を検証することができるだろう。目的に合意すれば、それに適合する手段を複数代替案から比較・評価することで最適案を選択することが可能である。

清渓川の復元計画は、市長選で議論されたことでアジェンダへの合意があったと言われるが、それは川の復元という開発手段への合意であり、復元の姿も目的も曖昧なままの合意であった。目的の違いは結果的に設計の違い、影響の違いをもたらす。その段階で明確な分析や評価がなされなかったのが残念である。市長選の後にでも開発目的と範囲を明確に議論しておけば、復元計画の詳細設計は大きく変わったかもしれない。一番の被害者である露店商人への対策も変わるだろう。

四　終わりに

そもそも復元というのは、もとに戻すということである。しかし、もとの川の姿に関してはほとんどの人が関心を持っていなかったというのも不思議である。清渓川のもとの姿に戻したいのではなく、自分が思い描く開発の姿を清渓川の復元と思い込んだのかもしれない。ソウル市や市民が望んだのは、時には乾いた川でも、時には氾濫する朝鮮時代の川でも、道路で覆蓋されたアスファルトでもなかった。きれいな水が流れる水辺空間を復元したかったのである。なぜ水辺空間を復元したかったのか。その恩恵を受けるのは誰なのか。水辺空間そのものに喜び散策を楽しむ市民もいれば、再開発を期待しているディベロッパーも、復元工事で追い出された露店商人もいる。清渓川の復元事業が復元という名目の開発事業であることは確かである。二一世紀の開発方式として、二〇世紀の開発遺産であるインフラを取り外すことで新たな価値を生産する資源化のプロセスを見せてくれた。

また、清渓川の事例では、開発の手段は目的によりその設計範囲が規定されることが見られる。ソウル市のように再開発を意図した川の復元と、ＮＰＯのように川の復元そのものを目的とする場合の川の復元の違いはアジェンダ設定段階ではその違いがよく見えないが、詳細設計段階になるとその違いが明確に出てくる。アジェンダ設定段階での合意形成は大事ではあるが、意図や目的が曖昧なままの合意では、紛争の種は潜在化したままである。開発の目的と手段をより明確に分析・評価することがアジェンダ設定段階に求められている。詳細設計段階では手遅れである。

参考文献

黄祺淵ほか（二〇〇六）、『清渓川復元ソウル市民葛藤の物語――いかにしてこの大事業が成功したのか』日刊建設工業新聞社
李明博（二〇〇七）、『都市伝説ソウル大改造』マネジメント社

第九章　資源であり続ける貯水池
――ボリビア農村部の援助プロジェクトから

宮地　隆廣

とあるNGO職員から、筆者が研究を行っているボリビアで「農村への灌漑建設援助のインパクトを調べないか」と勧められたのは二年前のことである。筆者はNGOが失敗と考えていたプロジェクトを検討し、失敗の原因を探ることで今後のプロジェクト作成に役立てられないかと考えていた。ところが、援助を与えられたコミュニティに滞在してみると、住民はプロジェクトを必ずしも否定的に見ていないことがわかってきた。様々な援助活動が展開されているボリビアでは、援助に関する数多くの研究があるが、援助を批判的に検討するこうした著作には、援助者の独善と援助を受ける側の幻滅を指摘するものが多い。この事例はその正反対である点が新鮮であった。ＮＧＯと住民側との認識が食い違うのは、ＮＧＯには見えないプラスの側面があるからである。それを探れば、援助をインパクトあるものにするヒントが得られるのではないだろうか。

一　貯水池建設プロジェクト

1　バジェアルトの農村

いわゆる発展途上国では、貧困削減や福祉向上を目的に様々な援助活動が展開されている。援助を行う者は数ある援助の方法の中から、彼らの専門性や興味、そして彼らがよかれと思う方針をもとに、具体的に与える援助を決める。しかし、与える者から見た援助への期待が受け取る者のそれと同じであるとは限らない。前者が期待した援助が、後者にとって期待外れであることは、援助の世界ではしばしば見られるものである。本書のテーマである資源という概念の背景には、同じものでもそれを眺める者によって見出すものが異なるという問題意識があるが、このことは援助においても同様である。

援助はそれを受け取る者や、その者が属する社会にとって有意義でなければならないことは言うまでもない。そうであるならば、今一度援助を受ける側の視点に着目して、援助に対する彼らの見方を探り、

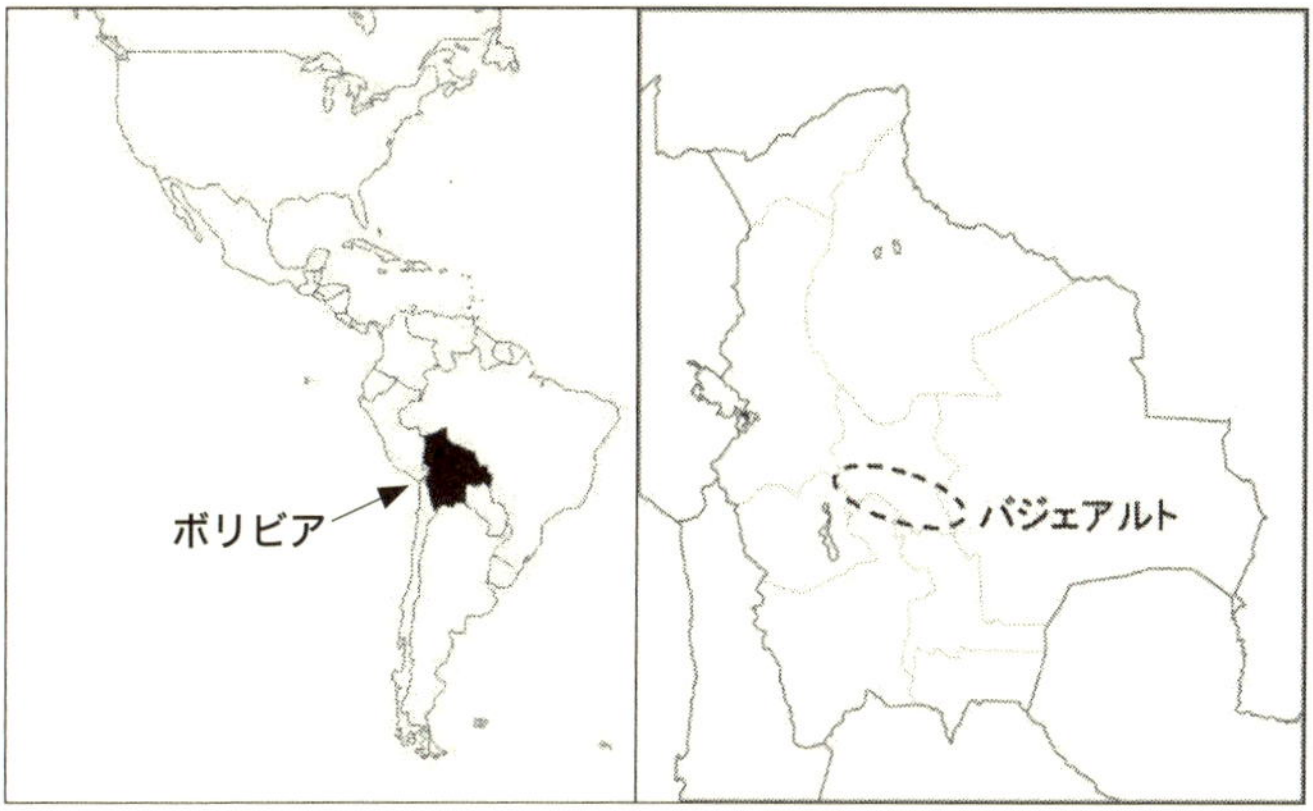

図1　ボリビアとバジェアルトの位置

その期待を支える要因を検討してみる必要がある。以下ではこうした問いを、水不足の農村に貯水池をつくるという具体的な事例を通じて考えてみよう。

本章の舞台となるのはボリビア共和国の中央、コチャバンバ県の南部に位置するＡという農村コミュニティである。Ａ一帯はバジェアルト（Valle Alto）と呼ばれ、ボリビアの西半分を縦断するアンデス山脈地帯において比較的高度の高い渓谷地域にあたる（**図1**）。バジェアルトにはケチュア語を話す先住民がもっぱら農業で生活を営んでいる。同地の年間降雨量は五〇〇ミリ程度であり、これは畑作で生計を立てる上で最低限の雨量と言われる。雨季は一〇月から四月までで、バジェアルト住民はこの期間に小麦やジャガイモなどを生産する。乾季に入れば雨はまったく降らないので、栽培を行うことはできない。

Ａコミュニティの場合、雨季の作物で一年分の住民の食料を賄うことは可能だが、栽培が難しい食料（たとえばコメや果物）や被服、教育などにかかる費用をカバーする現金収入に乏しい。問題は、コミュニティ外部での経済活動の機会がきわめて限られている点にある。作物を売るにも他地域の住民や輸入業者との競合で価格が低い上に、A住民のすべてが十分な量の作物を販売に回せるわけではない。現金収入を得る典型的な方法としては、次の雨季が来るまで遠方にある熱帯地域の農場に出稼ぎし、綿やオレンジの収穫労働を行うというものがあるが、肉体的に厳しい労働ゆえに事実上一〇代から二〇代の若者だけが取りうる選択肢である。経済水準の低いボリビアにあっては都市経済の発展も乏しく、都市に出ても雇用先が確実に見つかるとは限らない。教育水準が低いことも非農業部門への就労機会を狭めている。こうした状況ゆえに、農業生産の水準は彼らの暮らし向きを大きく左右する。

さて、バジェアルトでは雨は短時間に集中して降るため、Aを調査した水利技術者の試算によれば、降雨の約七割は地表を流れて河川に流れ込んでいるという。何にも利用されずアンデスの麓に流れ去っていく雨を農業に役立てるべく、A住民は自らできる範囲で水をためる努力をしてきた。各家庭には家屋の近くに直径一メートル、深さ一メートルほどの池が掘られ、そこから果樹や畑に水を与えている。都市にダム建設を求める陳情も行った。ダムがあれば雨季にためた水を乾季に利用でき、農業の機会が倍増するからである。しかし、容量の小さい自前の池では一雨降るだけで水がまたたく間にあふれかえってしまう。ダム建設もまた予算不足を理由に今日まで実現されていない。住民にとって雨は作物増産という目的を叶える資源であるが、雨をまとまった規模でコントロールする術がなかった。

2　NGOの到来

水不足のAに貯水池を提供したのはボリビアを代表する開発NGOである(以下、NGOとはAに貯水池をつくったNGOのことを指す)。農村部先住民支援に従事するNGOは、コチャバンバですでに三〇年もの活動歴を持ち、農業支援と政治的啓発(ラジオ放送による政治ニュース広報や住民組織化など)という二つの活動を展開している。援助にあたっては同一地域に原則一〇年程度の長期介入を行い、総合的な福祉改善を図る方針を掲げている。

Aコミュニティの存在するB市でのNGOの活動は、一九九六年より始まった。すでにNGOはB市に隣接する市で一九八〇年代より活動していたが、この市が電力線の敷設を検討した際、周辺の市も招いて電線の経路に関する会合を開いた。その席に招待されたB市長が偶然そこに居合わせたNGO代表と面識を持ち、その後市長に援助を求められたことがB市介入の契機となった。NGOはいきなり援助コミュニティを探すのではなく、当時改正直後であった地方財政関連の法制に関する市職員向けのセミナーを開き、市政レベルから活動を始めた。これによって市全体の状況を把握し、どこにいかなる援助を行うべきかを判断する情報を得られるとNGOは考えた。また、この活動で住民間にNGOの地名度が高まれば、後々住民との接触をスムーズに行えるだろうという狙いもあった。

ところが、一九九八年から九九年にかけて起きた一連の出来事に後押しされる形で、NGOは貯水池建設を推進することになった。NGOの活動はヨーロッパ諸国のドナーの提供するユーロ建て資金に依存しているが、この時期急激にユーロ安が進んだために財務状況が悪化し、人員を大きく削減する事態にまで至った。同時に別の市での長期プロジェクトが終了したことから、NGOに流れてくる資金が大幅に減った。かくしてNGOは新しいプロジェクトを生み出し、ドナーから資金を得ることで財政を再建する必要に迫られた。

時を同じくして、一九九八年五月にバジェアルトで大地震が発生し、一部地域に大きな被害が出た。これを受けて、ドイツ政府をドナーとする「地震被害者への援助プログラム」(略称PADT)が立ち上がった。支援の柱の一つは農村部の生産基盤回復であり、具体的な手段として農牧業用途の雨水をためる土砂製貯水池の建設が選ばれた。被害地域には実に六〇〇以上もの貯水池がつくられ、土砂製貯水池は灌漑関係者や農村開発NGOの間で一躍脚光を浴びた。NGO関係者もPADTの実施を機に貯水池という手段を強く意識し始めたという。

NGO職員は援助対象を求めB市民と接触をする中で、彼らが家の近くに掘った溜め池を目にし、水関連の援助のニーズを見出した。そしてPADTによってコチャバンバの援助関係者の間でブームとなっていた貯水池をB市にも応用できるのではないかと考えた。NGO関係者は、市庁舎の近くにあるコミュニティから貯水池建設に関する相談を持ち込み、これに前向きな姿勢を示したコミュニティの一つがAであった。

貯水池建設を支援するドナー探しは難航したが、最終的に資金を提供したのはコチャバンバ県コミュニティ灌漑局(略称URC)という行政組織であった。住民が灌漑インフラ建設の企画書をURCに提出し、さらに市が建設費用の一部を負担することが決まると、URCは企画書を検討する。実現可能と判

写真1　貯水池を斜面の上から眺める

断された企画が県議会で承認されれば、URCは工事を開始する。NGOはA住民に代わり企画書を準備し、住民とB市政治家に働きかけて同市初の貯水池向け予算を確保させ、最終的に一八基の貯水池建設費用をURCから得た。当時Aには約七〇世帯が居住しており、二割強の住民が貯水池を得ることになった。

3　土砂製貯水池

土砂製貯水池とは次のようなものである。まずコミュニティ内でくぼんだ場所を探し、雨水が自然と集まる場所を特定する。そこに五〇メートル四方の土地を区画し、地面をブルドーザーで掘る。掘った土は区画に沿って四角く盛られ、水をせき止める土手となる。このいわば「土の器」に水をためる（**写真1**）。盛った土は、土手や地面から水がしみ出さないようブルドーザーや振動コンパクタ（日本では道路工事現場で路面を固める機械として見かける）を用いて土を押し固める。雨水を貯水池に導く水路には深さ七〇センチほどの溝である沈殿槽が設置され、貯水池に石が流入するのを防ぐ。この貯水池一基で〇・五ヘクタールの農地を半年だけ灌漑できる。バジェアルト農民一世帯当たりの平均農地面積は約一ヘクタールと言われ、一基で何世帯もの畑に水をやることはできない。貯水池一基を一世帯で使うのが原則である。

土砂製貯水池には様々な魅力がある。工事が単純で、材料費もほとんどかからないため、建設費用が安い。土砂製貯水池は建設後、土手の整備や雨水の段階的な注入によって二、三年で利用が可能になり、ダムのような大規模な灌漑設備に比べ工期が短い。また、川や湧き水のような特定の場所にしか存在しない水ではなく雨を利用するので、水源に建設場所を制約される度合いが小さい。工事規模が小さい分ダムに比べて環境への影響も微々たるものである。簡易な維持作業もまた土砂製貯水池の利点である。貯水池の土手が貯水された水や風雨に浸食されるのを防ぐために、土手に草やサボテンを生やし根によって土の流出を防ぐ。継続的な維持作業は貯水池が機能し続けるために必要だが、それは高度な技術を伴うものではなく、専門的知識を持たない者でも十分対応できる。

前記の利点のうち、工期の短さはNGOとA住民が共有する魅力であった。A住民は水へのアクセスが早くに実現できる貯水池建設を歓迎した。援助実施を急ぐNGOにとっても土砂製貯水池は手軽な手段であった。

貯水池はまた、長期介入を目指すNGOの目論見をもかなえるものであった。なぜなら、貯水池を利用した農業を行えば、追加支援が必要になる見通しが立つからである。たとえば、貯水池の水を使って乾季でも農業が可能になると、地味の消耗が著しくなり、農地管理の技術指導が必要になるかもしれない。また、生産機会の拡大に伴いどの農作物を増産するか等を判断する上で、農業技術者にアドバイスが求められるかもしれない。貯水池はこうした新たな問題を派生的に生み出すことで、NGOにさらなる援助のテーマを与える。これは長期介入による総合的な支援を是とする組織方針を満足させる上に、収入源である新規プロジェクトを将来的に約束するものでもあった。

二　貯水池建設の実際

1　配分をめぐる問題

貯水池建設プロジェクトはNGOとA住民双方の期待を乗せてスタートしたが、その後大きく分けて二つの問題が発生した。

第一の問題は、誰が受益者になるかという点にある。発端はURCに提出する計画の作成時にさかのぼる。貯水池を利用するには、誰かが建設用地と維持労働を提供せねばならないが、NGOは双方とも受益者が負担すべきと考えた。もしNGOがこれらを負担すれば、受益者は単にNGOから援助を与えられるだけの存在となる。住民が土地を負担することで、NGOに与えられた貯水池が同時に自分自身のものであるという意識が高まり、貯水池活用に必要となる維持活動を受益者が責任を持って行うはずだとNGOは判断した。ところがこうした方針は、農村住民の中でも広い土地を持つ富裕な層に援助が偏る結果を生み出した。計画作成にあたり、ＮＧＯが受益世帯による用地提供の方針を伝えたところ、土地を提供する余裕がないと判断した大半の住民は用地提供を諦めてしまった。諦めた人の回想の言葉を借りれば、貯水池とは「生活に余裕のない私には手が届かない」「ブルドーザーと技術者がやってきてつくり上げる大掛かりなもの」であった。

　用地提供者の年代的な偏りも目立つ。提供者の大半は四〇代〜六〇代の壮年・老年層である。住民によれば、次のような理由で若年層は用地提供者になれないという。まず、世代が下がるほど相続される土地が兄弟間で分割され、所有地が小さくなる傾向がある。また、若者は年輩者より働いてきた年数自体が短く蓄財が進んでいない。したがって、広い土地を持てない現在の若年層は土地を失うことに対してより敏感になる。多額の出稼ぎ収入を得ているため、そもそも貯水池に大した魅力を感じないと言う若者も数人いたが、全体的な傾向としては、若年層は貯水池を欲しながらも用地提供に踏み切れなかった。

　当時のＮＧＯ関係者によれば、Ａ住民の暮らし向きはどれも似たようなものだという認識を持っており、受益者選択は住民の用地負担への意思を測るだけで十分と考えていた。また、財政危機に伴う人員削減でＢ市担当者も人数を減らされ、Ａの担当者は他の複数のコミュニティ担当も兼務していたため、コミュニティ内部の細かい世帯情報を知る時間的余裕がなかった。住民間の格差を知る意思も人的資源も不十分であった。

　貯水池建設が始まって以後、ＮＧＯは用地を提供した世帯との接触を増やした。貯水池利用に派生して生じると見込まれる援助のニーズを汲むためである。この結果、貯水池は水のみならず、NGOから追加的な援助ももたらす資源として住民の目に映ることになった。用地提供を諦めた住民は、富裕層にさらなる援助が届けられることに複雑な感情を抱きつつも、自らもまた貯水池に何とかアクセスを得ようと動いた。彼らの多くは貯水池建設中より、用地提供をした世帯に貯水池の共用を求めた。地主側としては隣人と良好な関係を保ちたい一方、使える水が減るのは避けたい。このジレンマへの対応は様々だが、共用を許した場合、世帯当たりの水利用量が減り、増産の効果も削がれた。逆に共用を拒んだ地主は貯水池を独占できたが、周辺住民は不満を抱えることになった。

2　建設の失敗

さらに問題となったのは、一八基つくられた貯水池のうち貯水可能なものが一〇基にとどまり、残りの八基は貯水不可能となったことである。コチャバンバで活動する灌漑技術者は、PADTをはじめ他の貯水池プロジェクトでも建設成功率は五割強と評価していることを考えると、Aにある貯水池の成功率は外れ値とは言えない。そもそも土砂製貯水池の建設が相当な不確実性を伴うにもかかわらず、NGOはそれを援助手段に選択してしまったのである。

NGOの計画作成プロセスを見ると、当時の担当者は建設失敗率を検討していなかった。Aの貯水池はPADT直後につくられたため、土砂製貯水池の不確実性を当時は誰も知らない状態であった。貯水池はただ安価で、技術的に単純で、すぐに完成できる優れた援助手段という認識の下、NGOに採用された。貯水池に関するA住民への説明の際も、NGO関係者は建設失敗の可能性に触れていない。

建設失敗が判明すると、用地提供者はNGOに繰り返し修復工事を行うよう迫ったが、NGOは修復費用を確保できないという理由から、今日まで壊れた貯水池を修復していない。NGOが言うには、失敗した援助の回復を目的とする資金は新規事業のそれよりも獲得しにくい。実際、NGOは修復費用を提供するドナーを探したが、失敗に終わっている。しかし、NGOは現在ドナー探しをしておらず、しかもすでに主な活動場所をA以外のコミュニティに移していることを見ると、NGOは修復する意欲を失ってしまったようである。

三　資源であり続ける貯水池

1　幻滅するNGO・期待し続ける住民

分配が偏り、共用によって効果が矮小化し、隣人関係が悪化する恐れもある上に、建設自体も不確実という貯水池は、問題の多い援助手段のように見える。NGO自身もそのように認識しており、貯水池建設の失敗が発覚した二〇〇三年以後、NGOはAから足が遠のいている。機能しない貯水池が多いという現実を前に、現在のAコミュニティ担当者は、貯水池の建設失敗と共用によって受益世帯のインパクトはわずかなものとなり、これ以上何か支援しても効果的なものにはならないだろうと考えている。貯水池修復の予算申請もなされていない現状を考えると、NGOは事実上Aから退出していると言える。

長期介入の手段として期待された貯水池は、もはやＮＧＯにとっての資源ではない。ＮＧＯの事実上の撤退により、引き続きＮＧＯの援助をもたらすという貯水池の魅力も失われてしまったと言える。では現在、Ａ住民は貯水池をどのように見ているのだろうか。筆者は現在Ａに住む全七七世帯に「貯水池を欲しい（すでに持っている人はさらに欲しい）か」と尋ねたところ、七六世帯が「はい」と回答した（一世帯は所有地の地質が石がちで貯水池建設に不向きなため断念していると回答した）。同時に建設の失敗や隣人との問題についても尋ねたが、決まって「それは大きな問題ではない」といった回答が返ってきた。

なぜＡ住民は貯水池に期待を持ち続けているのだろうか。その根拠は大きく二つに分けられる。

2　貯水池の効果を知る

まず、Ａ住民は貯水池の効果に大いに期待を寄せている。効果を知るには用地提供と維持のコスト、そして貯水池の水を用いて新たに生み出される農産物というベネフィットという二点を明らかにしなければならないが、双方においてＮＧＯがつくった貯水池は住民の見方を改めるものとなった。

コストの話から始めれば、貯水池を実際に見た住民は、用地提供で失われる土地が意外と小さいことを知ったという。先述のとおり、多くの住民が貯水池を持つことを諦めた理由は、貯水池によって農地が失われることを懸念したからである。ところが、貯水池の現物を目にしたことで、貯水池を断念した人々の評価は変わった。建設当時のＮＧＯ職員が「貯水池建設の完了直後より、多くの人々が増設を求め相談に来た」と語っているのも、危険回避的に振る舞っていた住民が貯水池を直接見たことでリスクが過大に評価されていたことを悟り、貯水池獲得に乗り出したためと思われる。地籍管理が文書化されていないボリビア農村部において農村世帯の土地所有状況は把握困難で、貯水池用地の提供が農村住民にどの程度の負担となるのかを計量的に測定することは事実上不可能だが、少なくともA住民の判断によれば、土砂製貯水池は負担可能な規模の人工物であった。

貯水池完成後、建設に成功した貯水池を持った人々はNGOの助言に従い維持作業を行ったが、これも大きな負担ではなかった。土手に草を植える作業を年に数回、雨季に沈殿槽の清掃を三回程度行えばよいという程度のものであった。

コスト面以上に住民が着目しているのはベネフィットの側面である。特に一世帯が事実上独占状態で使用している三基の貯水池の成果は、文字通りA住民の羨望の的であった。生産実績を集計すると、アルファアルファの増産が際立っている。アルファアルファは作物運搬や耕作作業を行うウシやロバに与える牧草であり、これを与えられた家畜は通常よりも元気に働く。アルファアルファは十分な水がないと育たないが、貯水池の水を利用することで大きく成長する。市場でアルファアルファは高額に取引されていることから、市場価格で換算したアルファアルファの生産価値は高く、栽培者もまた畑を一種のステータスとして誇っている。乾ききった黄土色の風景に青々と育つアルファアルファ畑は住民の目を引いた。このほか、乾季ジャガイモやタマネギの増産などにも成果があり、これらの畑を見たコミュニティ住民は、貯水池が多少の土地を犠牲にしてでも手に入れるに値するものであると認識した。経済的上昇の機会がコミュニティ外に求められない状況を考えれば、こうした貯水池の効果はなおさら魅力的であっただろう。

3 壊れた貯水池を生かす

さて、貯水池の効果が大きいということを知ったにしても、それだけでは貯水池はA住民の期待を集める十分な条件とはならない。確かに貯水池は農業生産の増加に役立つ手段であるが、それを利用できる可能性が事実上ゼロであるならば、貯水池は絵空事でしかなく、手段としての期待は失われてしまうであろう。先にAがダム建設の陳情に失敗したことを述べたが、貯水池を持つ現在のAにおいて、ダムに対する住民の期待はほぼ皆無である。ダムが役立つことはわかっているが、それはもはや現実的な選択肢ではないからである。

そうなると貯水池への期待は、単に貯水池が増産に役立つという効果が確認されるだけでなく、それが将来的に利用可能になる見通しの立つことが重要な要件となる。Aコミュニティの場合、この点に関しては二つの問題がある。第一に水のたまらない貯水池を修復できるのか、第二に貯水池を持たない人が貯水池を得られるようになるのかである。

修復の面から見てみると、機能しなかった一〇個の貯水池について、関係する住民は現在まで修復活動を展開し続けている。こうした行動がとれるのは、貯水池が技術的に単純であり、修復コストが低く、そのコストを引き受けてくれる行政の存在があるからだ。

貯水池の修復には主に二つの手段がとられる。一つは原始的とも言える方法で、水漏れのある場所に土を盛って、足で踏むか棒で叩いて穴を塞ぐというものである。水に浮いている砂や草の動きを見れば、貯水池の水漏れ場所を特定することができる。もう一つの方法は、水を吸うと粘土状になる砂を貯水池の表面にまき、そこに雨水を注入して表面に透水しない土の層をつくるというものである。水漏れ場所が多数あるか、漏れている場所がわからない場合にこの方法が取られる。砂まきには砂を購入し運搬する必要があるが、この費用は住民自身で負担できないものの、市財政で負担できるレベルであった。A住民は二〇〇五年、B市予算の中間修正の機会を生かして、市当局に貯水池修繕の問題を持ち込んだ。この結果、貯水池一〇基のうち八基について、粘土砂の購入および運搬の予算を確保することに成功した。自前で直すにせよ砂まきを行うにせよ、貯水できない貯水池は働きかけるに値する対象としてコミュニティの中に存在し続けているのである。

4　新たな貯水池を手に入れる

貯水池に関する問題に、地方財政で対処するという活動は修繕だけにとどまらない。二〇〇六年、URCはAに二二基の貯水池を増設する決定をした。先述のとおりURCの承認を得るには市が費用を一部負担する必要があるが、Aは同年のB市予算にこの費用を計上させている。B市の予算案作成では、市内に六〇以上あるコミュニティの中で、年ごとに優先的に要望を尊重するコミュニティが決まっている。幸いにも、この年Aは優先対象であった。

注目したいのは、一八基の貯水池をつくった際にも、AはNGOの助けを受けつつ市＝URC経由で資金を調達したことである。ダム建設が予算不足で実現を阻まれてきた前歴を持つA住民にとって、貯水インフラの規模は決定的な要素であった。ダム建設が実現しないのは、それが技術的に高度かつ大規模であり、行政が簡単に負担できるものではないからであった。一方、NGOを通じて一八基の貯水池をつくった実績は、貯水池が市・県財政で受け入れられる可能性を提示することになった。Aコミュニティのとあるリーダーが「NGOは貯水池と道筋を残した」と述べたように、NGOとの協働経験は土砂製貯水池という物理的援助を持ち込んだのみならず、すでに住民に向けて開かれている政治的な機会を用いて貯水池が入手できるという情報をも与えたということになる。

本章執筆時点ではURCの技術者による測量が実施されており、地形および地質の観点から建設候補地の絞込みが進められている。

5　資源であり続ける条件

これまで見てきたように、Aコミュニティ住民が持つ貯水池への期待は複雑に変化している。貯水池に対する見方に影響する要因を列挙すると、次のようになる。出稼ぎというコミュニティ外での経済的機会を持つ若者数名を除き、住民の多くはコミュニティ内での農業生産によって暮らし向きを決定的に左右される。限られた経済的機会ゆえに、作物増産に役立つ農業用水を提供する貯水池は住民にとって魅力ある人工物となる。ところが土地を加工して貯水池をつくることは、土地を農地として利用する可能性を放棄することを意味する。土地という資源が貯水池という生産財に固定されることへの負担感は、土地負担こそ貯水池維持の動機づけになるというNGO側の方針と相まって、土地を十分に持たないと判断した半数以上のA住民の期待を削いだ。彼らは貯水池を諦めるか、地主から共用の許しを得てわずかな水の分け前にあずかった。用地提供者であっても、貯水池の工事失敗によって無駄に土地を失った者が現れた。

ところが、こうした負の経験はその後克服された。彼らは貯水用地を提供する負担の小ささや、貯水池を独占する者が見せた増産の効果を目の当たりにした。しかも、貯水池を増設ないし修復する機会が、市や県にあることをNGOとの協働から見出していた。貯水池建設・維持に求められる技術の簡素さ、そして規模の小ささという特性は、A住民に開かれた地方行政を活用する機会を約束した。

このように貯水池に対する期待は、年齢や土地資産といった個人の属性に左右されつつも、住民全般を支配する狭い経済的機会、貯水池本来の持つ経済的効果や仕様、行政当局にアクセスできる政治的な機会、そして貯水池の効果や利用可能性が確実であることを認識させる経験や情報によって支えられたと言える。

ここで特に注目したいのは、最後に掲げた経験や情報の重要性である。ある程度広い土地を持っていること、あるいは地方財政に影響を持つことなど、貯水池を生かす要件はすでにA住民に揃っていたにもかかわらず、住民の多くは貯水池への期待を変化させている。彼らは当初NGOの掲げた用地提供の条件に幻滅を覚えたが、その後NGOとの協働経験から行政を活用するという選択肢を読み取った。このことを踏まえると、貯水池の仕様や政治的な権利といった彼らにとって所与であるいわば客観的な諸条件とともに、その条件が自らに利するものであることに気づくという主観的側面もまた、貯水池への期待を支える必要条件であったと言える。

貯水池が資源であり続けている客観的条件と主観的条件という二つの側面の重要性は、物資を投下する援助行為全般へのインプリケーションとして、抽象的な形にまとめることができる。最後にこの点を記して、本章を締めくくりたい。

客観的条件について言えば、援助によって投下される物資は、それを受け取る側に立つ人の持つ政治的・経済的機会や能力などを広く考慮した上で選択されるべきである。ここで言う考慮とは、本書の序章での指摘を踏まえれば、たとえば農村住民に水利がないから池をつくればよいといった「ないものを足す」発想に基づくものではない。物資を手にした者の持つ機会や知識、能力、権利などに気を配った上で、それを利用し続けていくことができるのかという「あるものを生かす」発想が必要ではないだろうか。

主観的条件については、援助を与える側は、自らの行動や方針が援助を受け取る側にどのように理解されているのかを十分配慮すべきである。援助を与える者が、受け取る者の見方に無頓着である傾向はすでに指摘されているが（佐藤二〇〇五）、本章の貯水池の事例はこの問題の重要性を如実に示している。援助する側の設定した行動や方針は、予期せぬ形で援助物資に対するイメージを受け取る側に与えることがある。そして客観的条件の整った優れた援助物資であっても、そのイメージ次第で受け取る側の期待を喚起できないことがあるのである。援助を受け取る側は、与える側から援助物資のみならず、それを配分し設置するプロセスも、また情報として獲得していることを忘れてはならない。

参考文献

佐藤寛編（二〇〇五）、『援助とエンパワーメント』アジア経済研究所、第九章

Pellens, Tom y Nicomedes Navia(2005), *Dinámica de la economía campesina de valles: una aproximación a comunidades de Cochabamba y Norte de Potosí*, CIPCA.

小林　誉明（こばやし・たかあき）
1972年生まれ、国際協力銀行開発金融研究所開発研究グループ
専門分野：政治経済学
主要著作：「中国の援助政策」『開発金融研究所報』第35号、2007年

杉浦　未希子（すぎうら・みきこ）
1969年生まれ、東京大学大学院農学生命科学研究科助教
専門分野：水資源管理
主要著作：「霞提周辺住民による『水』との共存――環境と治水の両立に関し宮崎県北川町の農業従事者を事例に」『水文・水資源学会誌』第20巻1号、2007年

湊　隆幸（みなと・たかゆき）
1956年生まれ、東京大学大学院新領域創成科学研究科准教授
専門分野：マネジメント、意思決定
主要著作：『国際協力学』（共著、東京大学出版会、2004年）

趙　公章（ちょう・こんじゃん）
1970年生まれ、韓国環境政策評価研究院責任研究員
専門分野：環境アセスメント、環境政策、合意形成
主要著作：「環境アセスメントでの情報交流方法に関する実験的研究」（松本安生、原科幸彦との共同執筆）『環境情報科学　15』別冊　環境情報科学論文集、2001年

宮地　隆廣（みやち・たかひろ）
1976年生まれ、東京大学大学院総合文化研究科後期博士課程在学中
専門分野：政治学、ラテンアメリカ政治
主要著作：「統一協定：ボリビア先住民運動の新展開と変わらない構造」『ラテンアメリカ時報』no. 1380、2007年10月

執筆者紹介

渡部　厚志（わたべ・あつし）

1975年生まれ、東京大学大学院新領域創成科学研究科研究員

専門分野：社会開発、移動労働

主要著作：「農村開発下における生活資源獲得・利用の変容〜東北タイの事例」『Keio SFC Journal』5巻1号、2006年

永田　淳嗣（ながた・じゅんじ）

1964年生まれ、東京大学大学院総合文化研究科准教授

専門分野：人文地理学

主要著作：「個別現象限りの知見に終わらせない工夫――事例研究という方法の再検討」（石弘之編『環境学の技法』、東京大学出版会、2002年）

新井　祥穂（あらい・さちほ）

1973年生まれ、東京大学大学院総合文化研究科助教

専門分野：人文地理学

主要著作：「沖縄・石垣島の土地改良事業の停滞」（永田淳嗣と共同執筆）『地理学評論』79(4)、2006年

青山　和佳（あおやま・わか）

1968年生まれ、日本大学生物資源科学部准教授

専門分野：フィリピン地域研究

主要著作：『貧困の民族誌――フィリピン・ダバオ市のサマの生活』（東京大学出版会、2006年）

受田　宏之（うけだ・ひろゆき）

1968年生まれ、東京大学非常勤講師

専門分野：ラテンアメリカ経済、開発経済学、先住民研究

主要著作：「先住民二言語教育の理想と現実――メキシコのオトミーの事例」（米村明夫編『貧困の克服と教育発展――メキシコとブラジルの事例研究』明石書店、2007年）

東方　孝之（ひがしかた・たかゆき）

1973年生まれ、日本貿易振興機構アジア経済研究所研究員

専門分野：開発経済学

主要著作：「雇用を通じた貧困削減：国際比較研究」（山形辰史編著『貧困削減戦略再考――生計向上アプローチの可能性』岩波書店、2008年）

編者紹介

佐藤　仁（さとう・じん）

1968年生まれ、東京大学大学院新領域創成科学研究科准教授

専攻：資源政策論、国際開発協力論

主要著書：『稀少資源のポリティクス──タイ農村にみる開発と環境のはざま』（東京大学出版会、2002年）、『資源と人間』（共著、弘文堂、2007年）、『サステイナビリティ学の挑戦』（共著、岩波書店、2007年）、『アジアの分権化と環境政策』（共著、アジア経済研究所、2008年）

【未来を拓く人文・社会科学シリーズ08】

資源を見る眼──現場からの分配論

2008年3月10日　初版　第1刷発行　〔検印省略〕

＊定価はカバーに表示してあります

編者©佐藤仁　発行者　下田勝司　印刷・製本　中央精版印刷

東京都文京区向丘1-20-6　郵便振替　00110-6-37828

〒113-0023　TEL 03-3818-5521(代)　FAX 03-3818-5514

E-Mail tk203444@fsinet.or.jp

発行所　株式会社　東信堂

Published by TOSHINDO PUBLISHING CO.,LTD.

1-20-6,Mukougaoka, Bunkyo-ku, Tokyo, 113-0023, Japan

ISBN978-4-88713-817-9　C0330

Copyright©2007 by SATO, Jin

「未来を拓く人文・社会科学シリーズ」刊行趣旨

少子高齢化、グローバル化や環境問題をはじめとして、現代はこれまで人類が経験したことのない未曾有の事態を迎えようとしている。それはとりもなおさず、近代化過程のなかで整えられてきた諸制度や価値観のイノベーションが必要であることを意味している。これまで社会で形成されてきた知的資産を活かしながら、新しい社会の知的基盤を構築するためには、人文・社会科学はどのような貢献ができるのであろうか。

本書は、日本学術振興会が実施している「人文・社会科学振興のためのプロジェクト研究事業（以下、「人社プロジェクト」と略称）」に属する14のプロジェクトごとに刊行されるシリーズ本の1冊である。

「人社プロジェクト」は、研究者のイニシアティブを基盤としつつ、様々なディシプリンの諸学が協働し、社会提言を試みることを通して、人文・社会科学を再活性化することを試みてきた。そのなかでは、日本のあり方、多様な価値観を持つ社会の共生、科学技術や市場経済等の急速な発展への対応、社会の持続的発展の確保に関するプロジェクトが、トップダウンによるイニシアティブと各研究者のボトムアップによる研究関心の表明を組み合わせたプロセスを通して形作られてきた。そして、プロジェクトの内部に多様な研究グループを含み込むことによって、プロジェクト運営には知的リーダーシップが求められた。また、プロジェクトや領域を超えた横断的な企画も数多く行ってきた。

このようなプロセスを経て作られた本書が、未来の社会をデザインしていくうえで必要な知的基盤を提供するものとなることを期待している。

2007年8月

人社プロジェクト企画委員会
城山英明・小長谷有紀・桑子敏雄・沖大幹

■未来を拓く人文・社会科学シリーズ既刊紹介

【01】科学技術ガバナンス　城山英明編

地球時代の科学技術のあり方は？

専門家、行政府、団体、市民等、多様なアクターの連携により、リスクの制御をめざし科学技術をマネジメントする。

主要目次

2007 年 10 月刊・四六判・並製・224 頁・本体 1800 円
ISBN978-4-88713-789-9　C0330

東信堂

■未来を拓く人文・社会科学シリーズ既刊紹介

【02】ボトムアップな人間関係
——心理・教育・福祉・環境・社会の12の現場から　サトウタツヤ編

人間関係の捉え直しから水平的社会の構築へ

環境、法、医療、福祉等多領域にわたって、水平的人間関係のあり方を追求する。

主要目次

第一部　医療・教育——関係をつなぐ
第１章　日本の医師患者関係の現状とこれから　西垣　悦代
第２章　人々が水平につながり、まとまる　松嶋　秀明
第３章　医療と教育の水平的協働関係の構築　谷口　明子
第二部　環境・福祉・法——水平的人間関係のための制度設計
第４章　障害者施策のフィールドで水平的関係を媒介する　田垣　正晋
第５章　裁判員裁判における水平性の構成　荒川　歩
第６章　ボトムアップなまちづくり　尾見　康博
第三部　決断・性・安全——個人的事情から見た社会
第７章　道草考　水月　昭道
第８章　性に揺らぎを持つ人が語り始めるとき　荘島　幸子
第９章　オルタナティブ・オプションズとしての占い　村上　幸史

2007 年 10 月刊・四六判・並製・192 頁・本体 1800 円
ISBN978-4-88713-790-5　C0330

東信堂

■未来を拓く人文・社会科学シリーズ既刊紹介

【03】高齢社会を生きる ——老いる人／看取るシステム

清水哲郎編

現場から考える高齢者の生・死・看取り

家庭や地域における高齢者医療の現状と課題を捉え直し、新たな実践の場として「ナラティブホーム」をドキュメントする。

主要目次

2007年10月刊・四六判・並製・224頁・本体1800円
ISBN978-4-88713-791-2　C0330
東信堂

■未来を拓く人文・社会科学シリーズ既刊紹介

【04】家族のデザイン　小長谷有紀編

制度化された家族観を超えて

多様かつ変容し続けるのが家族の歴史的実態だ。少子高齢社会の現実を見据え、通念を超えた新たな現代家族の創出を目指す。

主要目次

2008年1月刊・四六判・並製・224頁・本体1800円
ISBN978-4-88713-807-0　C0330

東信堂

■未来を拓く人文・社会科学シリーズ既刊紹介

【05】水をめぐるガバナンス　蔵治光一郎編
——日本、アジア、中東、ヨーロッパの現場から

新たな「水の秩序」構築を目指して
家庭や地域における高齢者医療の現状と課題を捉え直し、新たな実践の場として「ナラティブホーム」をドキュメントする。

主要目次

第１章	水のガバナンスとは何か	蔵治光一郎
第２章	川と流域のガバナンス(1)武庫川での実践	中川　芳江
第３章	川と流域のガバナンス(2)「物部川方式」を考える	川中　麻衣
第４章	川と流域のガバナンスと法制度	松本　充郎
第５章	ダム建設と水没移転のガバナンス	武貞　稔彦
コラム	国際化したダム問題	藤倉　　良
第６章	国際河川のガバナンス(1)中東	遠藤　崇浩
第７章	国際河川のガバナンス(2)アジア	大西　香世
第８章	国際河川のガバナンス(3)ヨーロッパ	村上　雅博
第９章	水のローカル・ガバナンスとグローバル・ガバナンス	中山　幹康

2008年1月刊・四六判・並製・224頁・本体1800円
ISBN978-4-88713-808-7　C0330

東信堂

■未来を拓く人文・社会科学シリーズ既刊紹介

【06】生活者がつくる市場社会　久米郁男編

持続可能な社会は生活者がつくる

業者や専門家・官僚が支配する現在の市場社会を変えるのは生活者だ。情報の共有と「有権者《ステークホルダー》」としての自覚が新たな市場文明をつくる。

主要目次

2008 年 2 月刊・四六判・並製・224 頁・本体 1800 円

ISBN978-4-88713-809-4　C0330

東信堂

■未来を拓く人文・社会科学シリーズ既刊紹介

【07】グローバル・ガバナンスの最前線　遠藤乾編
――現在と過去のあいだ

越境する問題群をどう統御《ガバナンス》するか

すでに私たちはグローバル化の只中に生きている。生かすべきは歴史に培われた知と多様なアクターの潜在力だ。

主要目次

2008年3月刊・四六判・並製・272頁・本体2200円

ISBN978-4-88713-816-2　C0330

東信堂

■未来を拓く人文・社会科学シリーズ既刊紹介

【本書】

【08】資源を見る眼
――現場からの分配論

佐藤仁編

資源を生かし分配する人類知の可能性

徹底した現場観察が生む適切な資源化と分配のための視力。
ルーティン化した開発援助を超えて。

主要目次

2008年3月刊・四六判・並製・256頁・本体2000円
ISBN978-4-88713-817-9　C0330

東信堂

■未来を拓く人文・社会科学シリーズ既刊紹介

【09】これからの教養教育　葛西康徳・鈴木佳秀編
――「カタ」の効用

知識の集積としての教養を超えて

諸学に潜在する歴史に培われた固有の「カタ」――これらの内面化こそ教養教育の最初のゴールだ。

主要目次

第一部　「カタ」としての教養
古典文献学とはどういう学問か　安西　眞
中世日本における「文字遣い」をめぐって　新田　一郎
歴史を録することと探究すること　佐藤　彰一
儀礼が法をつくる　小川　浩三
教養としての発信力　石井　紫郎
コラム
「数学的な考え方」をめぐって　長岡　亮介
細胞・身体・運動と科学　跡見　順子
これじゃ科学技術立国も「カタナシ」　武田　邦彦
歴史学と物理学の「カタ」の違い　木村　龍治
「儀礼が法をつくる」を読んで　木村　龍治
第二部　教養教育の再構築に向けて
《鼎談》これからの教養教育　佐藤学・葛西康徳・鈴木佳秀
イートンから海陽へ　中島尚正・佐藤彰一・葛西康徳
海陽学園創設の思い　葛西　敬之
海陽学園訪問記　中島尚正・佐藤彰一・葛西康徳
ハーバード・カレッジの教養教育　久保　正彰

2008年3月刊・四六判・並製・240頁・本体2000円
ISBN978-4-88713-818-6　C0330

東信堂

■未来を拓く人文・社会科学シリーズ既刊紹介

【別巻】紛争現場からの平和構築
——国際刑事司法の役割と課題　城山英明・石田勇治・遠藤乾編

紛争経験に学び国際刑事司法の更なる発展へ

様々な紛争の現場と歴史を学びつつ、国際刑事裁判所（ＩＣＣ）等の法理と機能の分析を通じて、今日における平和構築の方途を幅広く追求する。

主要目次

2007年10月刊・Ａ５判・上製・224頁・本体2800円

ISBN978-4-88713-781-3　C0030

東信堂

東信堂

書名	著者	価格
グローバル化と知的様式 —社会科学方法論についての七つのエッセー	J・ガルトゥング 矢澤修次郎・大重光太郎訳	二八〇〇円
社会階層と集団形成の変容 —集合行為と「物象化」のメカニズム	丹辺宣彦	六五〇〇円
階級・ジェンダー・再生産 —現代資本主義社会の存続のメカニズム	橋本健二	三二〇〇円
現代日本の階級構造—理論・方法・計量分析	橋本健二	四五〇〇円
〔改訂版〕ボランティア活動の論理 —ボランタリズムとサブシステンス	西山志保	三六〇〇円
イギリスにおける住居管理 —オクタヴィア・ヒルからサッチャーへ	中島明子	七四五三円
人は住むためにいかに闘ってきたか —〔新装版〕欧米住宅物語	早川和男	二〇〇〇円
〔居住福祉ブックレット〕		
居住福祉資源発見の旅 …新しい福祉空間、懐かしい癒しの場	早川和男	七〇〇円
どこへ行く住宅政策 …進む市場化、なくなる居住のセーフティネット	本間義人	七〇〇円
漢字の語源にみる居住福祉の思想	李桓	七〇〇円
日本の居住政策と障害をもつ人	大本圭野	七〇〇円
障害者・高齢者と麦の郷のこころ …住民、そして地域とともに	伊藤静美・田中秀樹・加藤直人	七〇〇円
地場工務店とともに：健康住宅普及への途	山本里見	七〇〇円
子どもの道くさ	水月昭道	七〇〇円
居住福祉法学の構想	吉田邦彦	七〇〇円
奈良町の暮らしと福祉：市民主体のまちづくり	黒田睦子	七〇〇円
精神科医がめざす近隣力再建 …進む「子育て」砂漠化、はびこる「付き合い拒否」症候群	中澤正夫	七〇〇円
住むことは生きること …鳥取県西部地震と住宅再建支援	片山善博	七〇〇円
最下流ホームレス村から日本を見れば	ありむら潜	七〇〇円
世界の借家人運動 …あなたは住まいのセーフティネットを信じられますか？	髙島一夫	七〇〇円
「居住福祉学」の理論的構築	柳中権・張秀萍	七〇〇円

〒113-0023 東京都文京区向丘 1-20-6 TEL 03-3818-5521 FAX03-3818-5514 振替 00110-6-37828
Email tk203444@fsinet.or.jp URL:http://www.toshindo-pub.com/

※定価：表示価格（本体）＋税

東信堂

書名	サブタイトル	編著者	価格
人間の安全保障――世界危機への挑戦		佐藤誠編	三八〇〇円
政治学入門		安藤次男編	一八〇〇円
政治の品位――日本政治の新しい夜明けはいつ来るか		内田満	二〇〇〇円
帝国の国際政治学――冷戦後の国際システムとアメリカ		山本吉宣	四七〇〇円
解説 赤十字の基本原則――人道機関の理念と行動規範		J・ピクテ 井上忠男訳	一〇〇〇円
医師・看護師の有事行動マニュアル――医療関係者の役割と権利義務		井上忠男	一二〇〇円
国際NGOが世界を変える――地球市民社会の黎明		功刀達朗・毛利勝彦編著	二〇〇〇円
国連と地球市民社会の新しい地平		功刀達朗・内田孟男編著	三四〇〇円
公共政策の分析視角		大木啓介編著	三〇〇〇円
実践 ザ・ローカル・マニフェスト		松沢成文	一二三八円
ポリティカル・パルス：現場からの日本政治選新		大久保好男	二〇〇〇円
時代を動かす政治のことば――尾崎行雄から小泉純一郎まで		読売新聞政治部編	一八〇〇円
椎名素夫回顧録 不羈不奔		読売新聞 盛岡支局編	一五〇〇円
大杉榮の思想形成と「個人主義」		飛矢崎雅也	二九〇〇円
〈現代臨床政治学シリーズ〉 リーダーシップの政治学		石井貫太郎	一六〇〇円
アジアと日本の未来秩序		伊藤重行	一八〇〇円
象徴君主制憲法の20世紀的展開		下條芳明	二〇〇〇円
〈現代臨床政治学叢書・岡野加穂留監修〉 村山政権とデモクラシーの危機		岡野加穂留編著	四二〇〇円
比較政治学とデモクラシーの限界		藤本一美編著	四三〇〇円
政治思想とデモクラシーの検証		岡野加穂留・大六野耕作編著	四三〇〇円
〈制度のメカニズム〉シリーズ		岡野加穂留・伊藤重行編著	三八〇〇円
アメリカ連邦最高裁判所		大越康夫	一八〇〇円
衆議院――そのシステムとメカニズム		向大野新治	一八〇〇円
WTOとFTA――日本の制度上の問題点		高瀬保	一八〇〇円
フランスの政治制度		大山礼子	一八〇〇円

〒113-0023 東京都文京区向丘1-20-6　TEL 03-3818-5521　FAX03-3818-5514　振替 00110-6-37828
Email tk203444@fsinet.or.jp　URL:http://www.toshindo-pub.com/

※定価：表示価格（本体）＋税